子どもと夫を育てる

「楽《らく》妻《さい》楽《らく》母《ぼ》」力

不登校・引きこもり・夫婦のすれ違い、すべて解決！

家族支援カウンセラー
森 薫

はじめに

「私は知らないうちに、自分の思いを子どもたちに押しつけていたんですね」

私の目の前で、母親がうなだれる。

「あなたのせいではありません。ほんの少し、過ぎてしまっただけなんです。自分を責めないで下さい。お母さんから笑顔が消えてしまったら、子どもさんは、もっと自分を責めることになります」

母親は四十代半ば思秋期《ししゅうき》と呼ばれる年代であるが、化粧っ気もなく、心身ともに疲れ果てており、今にも壊れかけそうである。

母親も父親も有名大卒で、父親は一流企業に勤めている。二人の子どもがいて、長男は中学三年生、私立の中高一貫校に在籍しているが、半年前から不登校になり、うつの診断を受け、自宅で引きこもり状態であるとのことである。長女は小学六年生、チック症が出て、爪噛みも頻繁になり夜驚症も表れ始めている。

「結婚以来、理想の家族を築くためにずっと頑張ってきました。頑張れば幸せになれると信じて……」

母親の涙が切ない。

今、わが国では、苦戦している家族が急増している。

私は家族支援カウンセラーとして、これまで、孤立した家族や、離婚、不登校、引きこもり、虐待など、多くの家族問題に向き合ってきた。これらの苦戦する家族を応援するために、必死でその声に耳を傾けていると、〝孤育《こそだ》て〟を押しつけられた母親たちの怒りと悲しみが見えてくる。

戦後の家族制度の激変と、社会の家族支援力の喪失のなかで、そのしわ寄せを最も強く受けたのが母親である。今の母親たちは、かつての母親たちに比べて、何倍も努力し、大黒柱として必死に家族の幸せを守ろうとしている。しかし、その健気な頑張りに対して、思うような承認を受けることは少ないのだ。

家族のために、こんなに努力しているのに、我慢しているのに、認めてもらえない。わかってもらえない。抱きしめてもらえない。聴いてもらえないという不全感が、いつしか蓄積してしまうのである。発散できないストレスは怒りや悲しみを生み出し、ついには、心身のバランスを崩すことになってしまう。

私のカウンセリングを受けにやってくる母親たちは、一様に真面目で、一生懸命である。苦戦の原因を、社会にも家族にも求めようとはしない。ただ、理想の母親になりきれない自分を責めるのだ。〝幻の母親像〟に支配されていると言えようか。

今、孤立無援な孤育て環境のなかで、良妻賢母を目指そうとすればするほど、母親たちは病理に見舞われることになる。

この本では、私が今まで、家族支援を行うなかで出会ったたくさんの苦戦する家族を通して、その背景に見え隠れする家族性のＳＴ（スペシャルタレント）気質の存在を含めて、苦戦の原因を解明するとともに、そこから抜け出し、家族が幸せになるための、具体的な方法を提案したい。

母親から、笑顔が消えてしまったら、家族の心身のエネルギーは喪失し、家族は崩壊の危機にさらされる。母親の笑顔こそが、家族の幸せを生み出す最も大切な栄養源なのだ。

この本が、母親の笑顔を取り戻すための一助となることを願う。

平成二十六年　秋

※この本に出てくる登場人物は著者が出会った多くの事例を基に再構成されており、特定の個人を示すものではありません。

子どもと夫を育てる「楽妻楽母《らくさいらくぼ》」力

目次

第2章　苦戦する思春期の子どもたち……51

第4章　楽妻楽母《らくさいらくぼ》になるための15のスキル……125

第1章

苦戦する
思秋期の母親たち

事例1　息子が夫のようになるのが嫌なんです！

「子どもにすね毛が生えてきて、ショックで食事ものどを通りません」

「えっ？」

「ママ友から『すぐにチン毛も生えてくるよ！』っておどされて、もう気が狂いそうです」

マミさんは三十代後半の若く美しいママ。長男は中学一年生、優等生で、母親自慢の一人っ子である。その自慢の息子に、この頃変化が現れ始めたようである。

「お風呂に入るのも、この頃、嫌がり始めたんですよ。チョー悲しくて！」

「えっ！　まだ、一緒に入っているんですか？」

「はい！　だって、今までずっと一緒に入ってきましたし、私が背中を洗ってあげないと自分では洗えないんです」

私は唖然として、声も出ない。

「中学生になっても、息子さんと一緒にお風呂に入っていることにご主人は何もおっしゃらないんですか？」

「ええ、単身赴任で海外にいるので、家族のことについては何も関心がないんです」

やはり、母子分離を促す父性が機能していないのだ。ここにも孤育て（孤立して、不安な子育て）の悲劇がある。

「今まで子育てについて、どなたかに相談したことがおありですか？」

「いいえ。学生時代から、何かについて、人に相談することはありません。子育てについても、書物やインターネットで調べながら、一人でやってきました。それに聞き分けの良い、手のかからない子どもでしたから」

「一人で頑張ってこられたんですね」

「ええ、私は学校の成績も誰にも負けなかったし、子育てでも、誰にも負けないつもりでやってきて、今までは、すべて思うようにやれてきたんです」

どうも子育てを、学生時代の勉強と同じように、時間と手間さえかければ、うまくいくという思い込みがありそうである。

「私にとっては、息子はすべてなんです！　ほんのこの頃まで、『ママ！』、『ママ！』ってまとわりついていたのに。この頃は『ママ』って呼んでくれないのも寂しいし、何より息子が少しずつ、夫のようになっていくのが、たまらなく嫌なんです」

「………」

「今の願いは、このまま時間が止まってくれること。でないと、これから先、どう息子を育てていけばいいか、わからないんです」

確かに、子どもが幼いうちは、母親一人でもペットを可愛がるように、すべての愛情を注ぎ込んで〝母子カプセル〟のなかに閉じ込めることができるであろう。しかし、子どもが思春期を迎えると、孤育ての限界が現れてくることになる。夫婦関係の再構築をはじめ、人に相談したり、人に力を借りたりすることが必要となるのだ。

「お子さんは、ちょっと遅めですが、男としての着実な成長を始めたようです。これから不安を感じたり、困ったりしたら、一緒に相談し合いましょう」

中学生の息子にここまで、べったりというのもびっくりするが、私のカウンセリングではそんなにめずらしいことではない。子どもとの心の距離がつかめず、また教えてくれる人もいないために起こる、過保護、過干渉という過ぎる孤育てである。孤育ての限界を呈《てい》していると言えよう。

解説　孤育ての限界

私は、今、日本で行われている子育てを〝孤育《こそだ》て〟と呼んでいます。それは、母親たちが孤立して不安を抱えたまま誰にも頼れずに一人ぼっちで子育てをさせられているからです。

孤育てには限界があります。子育て経験に乏しい母親が、何でも一人で解決しようと頑張り過ぎると、限界を越えた〝過ぎた孤育て〟が展開され、過保護・過干渉を引き起こします。そして、親も子どもも疲れ果ててしまうのです。

過保護とは、子どもの「手足」となり、子どもがやるべきことを母親が代行してしまうことです。赤ん坊の頃は、歯磨きをしてあげることは当然です。しかし小学生になっても母親のひざに乗せて歯を磨いてあげるのは、子どもがやるべきことを代行してしまっていると言えるでしょう。小学生になっても　下着を準備してあげる、高学年になっても翌日の用意を全部やってあげるとなると、これはもう過保護と言えるでしょう。

過干渉とは、子どもが選択、決定すべきことを母親が子どもの「頭」となって代行することです。洋服のコーディネート、友達選び、遊びの内容、小遣いの使い方など、何から何まで子どもの生活に介入し、自分の価値観や意志を押しつけると、子どもたちはどんな些細なことでも、自分の判断で決めることができなくなります。

子どもから、「頭」と「手足」を奪ってしまったのでは身体だけは大きくなっても、中身はがらんどうということになってしまいます。母親によって自己決定・自己責任という自立の翼をもがれてしまい、大人の世界に飛び立つことはできなくなってしまうのです。この弊害は、親離れできない子どもの激増という形で顕在化しています。

孤育ては、母親の心身を蝕《むしば》み母親から笑顔を奪うだけでなく、子どもたちの育ちそびれも拡大させています。子どもたちは多くの人々の協力・共同作業によってはじめてバランス良く育ち、市民社会の一員として役割を果たすことができます。

母親は〝孤育て〟から、子育てを通して多くの人々が育ち合う〝共育《きょういく》〟へと、もう一度シフトさせなければ苦戦する家族は増えるばかりです。

事例2　娘を落ちこぼれにするわけにはいきません！

「もう『ええっ‼』って言う感じで、とても現実を受け入れられなかったですね。完全にパニック状態でした」

中学一年の長女が不登校になり、今やっと少しずつ、その現実を受容し始めた四十代のクミコさんが当時を振り返る。

「毎日が地獄でした。毎朝迎えにきてくれた先生と一緒に泣き叫ぶ娘を部屋から引きずり出し、強引に車に押し込むんです。ドアにしがみつく娘の指を一本一本引きはがしてね」

「すごいなぁ……」

「とにかく必死でした。娘を学校にも通えないような落ちこぼれにするわけにはいかない。そんなことのために、私は生命《いのち》を削って娘を育ててきたわけじゃないって」

「その気持ちはよくわかります」

「あのときは大事にしてきたものをすべて失いそうで、怖くて仕方なかったんです」

そんな闘いのなかで、長女は学校で過呼吸を引き起こして、救急車で搬送されてしまうのだ。

そしてあと少しでも対応が遅れていたら、生命を失うところだったと、医者に告げられる。

「そこでやっと気がついたんです。『娘の生命があるだけでいい』って。もっと早く気がつけば娘にあんなに辛い思いをさせないで済んだんですけど……」

「でも、お母さん方の多くは、〝学校は何としても行かねばならないところ〟という学校信仰に支配されているから、そこから脱け出すのは、容易なことではありません。お母さんだけの責任ではありませんよ」

「そう言っていただくとほっとします。何としてもやっと入った中高一貫校に通わせて、有名国公立大学を目指すのは当然と考えていましたから。娘がこんなふうにコケるだなんて思いもしなかったし、親戚にも周囲にも顔向けできないって！　必死でした。私にとって、子どもを有名大学に入れることが人生最大の目標だったんです。でも、今は娘が不登校になって、それは私の自己満足だったんだと気がつきました」

「お子さんは、そういうお母さんの圧力に抵抗し、不登校になって、今やっと自分の意思で動き始め、心身を回復させ始めたんですね」

「そうです。でも今でも、隙あらば進学校に戻したいと考える自分がいます……」

何よりも子どものためと頑張ってきた母親たちの、子どもが勝ち組のレールからはずれそうだというときの喪失感は予想以上に大きなものがあるようだ。

解説　対象喪失不安

一人の母親が子どもを生むことができる数は限られています。だからこそ、優秀な遺伝子を持つ男性の子どもを生みたいと考えるのは自然のことでしょう。学歴信仰の根づいたわが国では、学歴の高い人こそ優秀であるとみなされ、結婚相手として高身長、高学歴、高収入の〝三高〟の男性が求められてきました。しかし、三高の男性たちが子育てに協力的かというとそうでないことが多いのが実情です。総じて学校教育の場で勝ち組であった三高パパたちは、仕事の場でも勝ち組たらんと激しい競争に身を投じていくのです。そのために、妻には仕事を辞めて、家庭を守ることを要求しがちです。

なかでも夫に負けないぐらいの能力を持ちながらも仕事を失った妻は、子どもの教育に生命をかけます。子どもの学歴を夫以上のものにすることが、この妻たちの新たな目標となるのです。

そして、一人の子どもが幼稚園から大学まで、私立に通うとなると一千五百万円もの教育費がかかると言われています。そのため子どもの教育に熱心な母親ほど、子どもはあえて一人っ子を選択することが多いようです。

本来ならば、子どもは二人でも三人でも欲しい。しかしながら、教育費と自分のエネルギーを効率よく集中させるためには、何人もの子どもを生むよりも、少ない子どもに教育費を集中して使った方が、子どもの未来にとっては有益だと考えるがためです。そうして、三高パパを連れ合いに選んだ妻たちは、すべてのエネルギーを少ない子どもに注ぎ込むことになるのです。

胎教にも万全を期し、幼児教育に力を入れ、子どものために良かれと思われることは、すべて取り入れ、運動の苦手な子どもに、運動の家庭教師までつけることもいといません。幼稚園のお受験から始まって、英語塾をはじめとする数々の習い事。そして、進学塾通い。子どもの幸せのためと言いながら、実態は、自分のステータスを満たすために、子どもを動かし続けるのです。

それほど全身全霊を打ち込んだ子どもの学力が、思うままに伸びなかったり、学校生活でつまずいたりしたとしたら、それは到底受け入れがたいことでしょう。その喪失感は察するに余りがあります。

大事なものを失うことを対象喪失と言いますが、予期しなかった喪失ほど、その衝撃は大きなものになります。愛する家族や恋人、ペットとの別れ、仕事や家を失うことも対象喪失です。生きがいや目標を失うこともあてはまるでしょう。

三・一一の東日本大震災のときのように、突然の対象喪失はＰＴＳＤ（心的外傷後ストレス障がい）を生じさせ、長く尾を引きます。

子どもと同一化し、母子カプセルのなかで生きてきたような親子は、子どもが自分から離れていくことに、大きな不安を抱くのです。その不安は無意識のうちに、さらに子どもをカプセルのなかに閉じ込めようとし、子どもの母子分離を阻もうとしがちです。

母親が仕事を続けていたり、夫との絆が確かなものであれば、例え子どもが自立する時期でも、痛みは伴っても受け入れることはできます。しかし、子ども第一で生きてきた母親にとって、依存の対象であり唯一の生きがいである子どもが、自分を頼らずに自分の意志で行動し始めることは、耐えがたい苦痛なのです。この苦痛に耐えられなくなった母親は、子どもの母子分離を阻み、もっと力強い母子カプセルに囲い込もうとします。子どものモラトリアムを助長し、母子分離を押さえ込むのです。

母親にとっては、いくつになっても子どもに頼られ、何より子どものために尽くすことは快感です。また子ども自身も、母親に頼り依存することが楽でいいのです。

事例のお子さんは、思春期のうちに〝不登校〟を選択することで、母子分離を実現し、結果として、親子のあり方を再生させることができていますが、母子依存が強すぎるために自己選択・自己決定する力を獲得できず、そのまま大人になる若者が増え続けています。しかし、大人になってからその事実に気づいても、そこから抜け出すのは大変困難です。

学生時代も優等生で仕事面でも優秀だった母親ほど、自分が自己実現できなかった不全感を子育てに満たそうとするあまり、過ぎた孤育てによって、喪失不安を乗り越えることができず、やがて親子で自立できない事態に追い込まれることも多いのです。

事例3 それでも、私がやるしかないんです！

「もう、入院するか、家を飛び出るか、プッツンしそうです！」

駆け込んできた四十代のヒロミさんは、自分の両親と同居。夫と三人の子どもたちの面倒を一手に引き受けている。

「私の両親と夫は、長い間、お互い口をききません。せめて、挨拶だけでもしてくれるように夫に頼んでいますが、あごをかすかに引くぐらいで、声を出すことはありません。そのくせ、お互いに言いたいことがあると、私を通じて言わせるんです。子どもたちも夫とのコミュニケーションが成立しないので、夫に対する要求はすべて私経由。夫も同じやり方です」

「すべて、お母さんがキーパーソンになっているわけですね。それは、疲れるでしょう？」

「そりゃあ、もう大変です。でも、家族のコミュニケーションが成立しないので、仕方がないんです」

「………」

「それに加えて、夫は自分のことが全くできません。結婚するときに夫の母親から、『うちでは何もやらせてこなかったから、よろしくね』と言われたんですが、これほど、手がかかるとは思いませんでした。とにかく、出張の多い仕事なんですが、その用意がいつまでたってもできないんです」

「すべて、あなたがやってあげているんですか？」

「ええ、そうでないと仕事になりませんから」

「いい大人なんだから、放ったらかしにしたらどうなんですか？」

「そうしたら、空っぽのままのバッグを持ったまま出かけて行くことになると思います」

「そうなんですか。子どもみたいなんですね」

「ええ、子ども以上に手がかかるんで疲れてしまいます」

「そうでしょうね」

「それに、毎朝四人分の弁当を作らなければならないんです」

「毎朝、四人分も？」

「ええ、それに夫も子どもたちも偏食が激しくて、四人とも同じというわけにはいかなくて……」

「それぞれ、内容が違うんですか？」

「だから、大変なんです。でも外での食事は添加物も心配ですし、子どもには手作り以外の物は食べさせたことがないんです」

「それは御立派ですね」

ヒロミさんには、どうも家事を人任せにできない完璧主義の傾向があるようだ。

「ご両親のお世話も、お一人でなさっているんですか？」

「そうです。二人とも思うように動けなくなっているので、病院の送り迎えも含めて一人で世話しています。一人娘ですから自分でやるしかないんです。大事な両親ですから人任せにしたくありません」

「それは本当に大変だ」

「数年前までは、一晩眠れば何ともなかったのが、このところ、背中が張るし、頭はぼんやりしてきて、集中力がなくなってミスばかりなんです。それに眠りが浅くなって時々吐き気はするし、自分が自分でコントロールできなくなってきているんですよ」

「それは、危機的状況ですね」

解説　完璧主義の落とし穴

ヒロミさんのように、良妻賢母を目指すあまり、幻の妻・母親像を演じている思秋《ししゅう》期《き》の母親（思春期の子どもを持つ三十代後半～五十代前半の母親）たちが少なくありません。幼い頃からいい子（幻の子ども像）を演じてきてそのまま母親になった彼女たちは、常に〝よく頑張っている〟と人に評価されたいという承認欲求が、心のなかに隠されているようです。それゆえ、結婚しても頑張る自分でないと許せないし、つい頑張る妻・母親を演じてしまうことになるのです。

母親が一人で頑張り過ぎると、家族には依存心が芽生えてきます。自分がやらなければならないことを代わりにやってくれる人がいれば、その方が楽だし助かります。最初は感謝の気持ちがあっても、やってもらっているうちにそれが当たり前になり、次も当然やってくれるものと考え、新しいことにチャレンジする気持ちも育ちません。幼い頃からずっとやってもらっていたらなおさら、親が引かない限り自ら手を出そうとはしないでしょう。自分がやるよりはるかに手早く、確実に親が代行してくれるならば、それで満足だし、母親が自分の領域として幸せを感じている世界に、あえて口出ししたり手を出したりすることは、母親との良好な関係を壊すことにつながると感じとるのです。

母親が子どものために良かれと思ってやっていることが、子どもの生きる力を奪ってしまっていることが少なくありません。多くの場合、母親はそのことに気がついていません。母親にとって子どもに必要とされること、子どもに頼りにされることは快感です。この快感を失いたくないのです。

夫との関係でもそれが言えます。「うちの夫は、私に頼り切りで何もできなくて困っているんです」と話す母親たちが少なからずいます。本当にそうなのでしょうか。夫に何もさせずに身の回りの世話を焼くことが良妻賢母の務めと考え、母親自身が良妻賢母的役割を必要とし、その役割を手放すことができないでいるとも思えるのです。

夫は、『かいがいしく自分の世話を焼くことが妻の生きがいになっている』と思ったら、あえて、その生きがいを奪おうとはしません。自分も妻にすべてを委ねている方が幸せだからです。

　こうして、能力のある母親たちほど、能力があるゆえに、人任せにできずどんどん仕事を引き受け、その仕事を完璧な形でこなそうとするのです。〝いい加減〟〝ほどほど〟ということが許せません。家族のどんな小さなことでも把握していなくては気が済まず、すべてを自分が取り仕切るシステムに変えていくのです。

　このシステムは一定期間、母親を満足させ、自分が良妻賢母であることを誇ることができますが、思秋期を迎え体力が衰えてくると、日々疲労が蓄積し無理が生じます。思春期の子どもが苦戦したり、親の介護問題などが発生したりすると、一気にストレスが高まり、心身が限界に達し悲鳴を上げ始めるのです。仕事内容を仕分けし、人に任せたり手を抜いたりできればいいのですが、良妻賢母型の頑張り屋の母親たちは、これができません。中途半端に休養することには、プライドが許さないだけでなく、母親失格の烙印を押されることに強い恐怖感を抱いてしまうのです。

　さらに、自分がやらないと家庭が崩壊してしまう。自分なしでは、この家は成り立たないのだという強迫観念にも支配されているので、自分の限界を越えて頑張ってしまうのです。

　実際に、母親がいなくなればなったで、家族はその穴を埋めようと少しずつ動き出すのですが、自分抜きで家族が自立してゆくのも、自分の存在証明が失われるようで不安が募ります。

そうなると、限界を越えて頑張ることになり心身ともに追い詰められて、すべてを投げ出したいという逃避願望が強まり、「入院でもできたら」と思うようになるのです。ドクターストップがかかったとなれば、例えすべてを投げ出しても、「ドクターストップがかかるほど、大変だったんだね！」と評価してもらえるからです。

これらの母親たちは、家族のために頑張り過ぎて、家族の自立力を奪い、家族を共依存という病理に巻き込んでいることには気がついていません。善意に溢れ、精いっぱい良妻賢母であり続けようとしているがゆえに気の毒でならないのです。

事例4　今さら、夫は変わらない

「もともと、子どものことがあまり好きじゃないみたいで、ほとんど子育てには非協力的な人でしたから、単身赴任は私にとっても好都合で家庭そのものは平穏でした。ところが、中学三年の一人息子が起立性調節障がいになり、不登校になったことで、情況が一変したんです」

四十代前半のナナコさんは、一言一言絞り出すように語り始める。

「月一度、単身赴任から帰ってくるんですが、そのときが大変なんです」

「というと？」

「息子がメンタル的な理由で学校に行けない状況が受容できないらしくて激しく責めるんです」

「どんなふうに？」

「『いつになったら、学校に行くつもりなんだ』とか、『落伍者《らくごしゃ》のお前には、もう未来はない』、『男として　情けない！』」

「それは、子どもさんもきついですね。不登校の子どもは親御さんが、あるがままを受け入れてくれて初めて、回復に向かうんですが……」

「そうなんです。それ以外にも『学校に行けない者は、生きている資格はない。死んでしまえ！』とも言いますし、『学校に行かないなら　家を出て行け！』って、怒鳴り散らします」

「子どもさんは何も言わないんですか？」

「最初は我慢していましたが、この頃は取っ組み合いになります。『いつか殺してやる』って、うらみが募ってきています」

「それは、いい情況ではありませんね」

「ええ、ですから離婚しようかと……」

ナナコさんの眼に涙が光る。

「離婚のことはずっと考えていたんです。ただ、子どもが成人して仕事に就くまではと思っていたんですが、これを機会に、前倒しをしようかと思い始めました」

「そうですか」

「私は、仕事も楽しかったし、結婚する気はあまりありませんでした。でも、職場の仲間たちが　どんどん片づいて、つい焦っちゃったんですね。上司に勧められるままに紹介された人のなかで、最も高学歴の人を選んだんです。何人も子どもを産めるわけではないのでやっぱり頭がいい子が欲しいと思って……」

「その気持ちは、無理のないことです」

「でも、結婚してすぐわかりました。夫婦のコミュニケーションがかみ合わないなって、だから成田離婚も考えたんですけどね」

「どんなコミュニケーションの持ち主なんですか」

「すべては自分が正しいというワンマンなんです。ちょっとでも反論されるとキレちゃうので、反論しないようにしています」

「それでは、夫婦のコミュニケーションは成立しませんね」

「ええ、子どもが不登校になってからは、実家の義母と一緒になって、『お前の子育てが悪いからだ！』と一方的に責めるだけで、話し合いにならないんです」

「それは、辛いですね。御主人とお会いしましょうか？」

「いいえ。今さら、夫は変わらないと思います。女は男に従うべきものだと育てられてきていますし、自分は正しいと信じ切っていますから」

「何か一時代前の男性像ですね」

「ええ。ですから、先生には傷ついている息子のカウンセリングだけ、お願い致します」

解説　夫婦コミュニケーションのすれ違い

近年、離婚は増え続け、結婚したカップルの三組に一組が離婚する時代が到来しました。離婚に対するハードルが低くなるとともに、心理的・経済的に苦戦する家族が激増していることを示していると言えるでしょう。

わが国は、永い間、儒教道徳の影響下にあり、男性優位社会が続いてきました。儒教道徳社会から欧米型民主主義へと移行し、男女平等社会が到来してから、まだ七十年の歴史しかないのです。

かつて、男性は、自らが築き上げた地位や財産を、自分と血のつながる血族にゆずり渡そうと願いました。しかし、血がつながっているかどうかは、男性にはわかりません。わかるのは母親である女性だけです。そこで、その確率を高めるために、女性を他の男性から隔離しようとして、人眼のつかない家の内に閉じ込め、女性にとって家のなかこそが生活の場だと洗脳したわけです。そこで、家内、奥方、奥様などの呼称も生まれたと言われています。

江戸時代には、このシステムを強固なものにするために、法律と道徳律の両方で縛りつけました。姦通罪では、夫以外の男性と不倫をした女性は死罪とされ、一方で〝女三従の徳〟という道徳律を押しつけ、「生まれては父に従い、嫁《か》しては夫に従い、老いては子に従え」という男尊女卑思想を植えつけたのです。明治になっても戦前までは、家長（父親か長男）の勧めに従い、嫁入りした以上は二度と家に戻れぬものと覚悟し、あの〝おしん〟のようにあらゆる艱難辛苦《かんなんしんく》を耐え忍びました。離婚という選択肢は存在しなかったのです。

母親は、親権が認められておらず、家を出るときは子どもを置いて身一つで出ていかねばならないことも、我慢する一因だったと思われます。

このように幾重にも、女性を封じ込め、男性の都合の良い社会を築き上げていったがために、男性はどんな暴君であれ、酒乱であれ、他に女性がいても、コミュニケーション能力が欠けていたとしても、夫の座を奪われることもなかったのです。それは、女性の耐えがたい苦痛と我慢の上に存在した家族制度であったと言えるでしょう。

しかし、戦後の憲法のもと、新しい民法が定められ、夫婦の平等が高らかに謳い上げられ、母親にも親権が認められることになったのです。これによって女性は、今まで幾重にも縛りつけられていた鎖から解き放たれ、自立した生き方が追求できるようになりました。参政権も獲得し、ここから女性は着実に力を伸ばし始めたのです。自分たちの内なる力に目覚めたと言えるでしょう。

一方多くの男性は、今でも男性優位社会の幻想から脱け出すことができず、支配的立場にしがみつく傾向が強いようです。高度経済成長期に流布《るふ》された〝男は仕事〟〝女は家事育事〟という性別分業論の後遺症も否定できません。女性たちは男女平等を当然のこととして受け入れており、性別分業論のシッポを引きずる男性との間に、すれ違いが広がっているようです。このすれ違いを埋めるためには、双方のコミュニケーション能力が求められるのですが、事例のように　男性の側にコミュニケーション能力がないと、女性の不満は大きくなり離婚へとつながることにもなるのです。

一九八〇年代頃までは、男性一人の収入だけでも家族を養うことができ、専業主婦と呼ばれる女性たちも多数存在しました。しかし、その後デフレの時代が永く続くなかで、男性の収入は減り続け、母親のパート収入で家計を補うことが当たり前になっていきました。いやが上にも女性の地位が強まり、社会との接点も増え続けていったのです。女性は家事・育児だけでなく、経済的にも一家の大黒柱としての存在力を高めています。

かつて、情報は男性が独占し、家庭に入った女性たちは情報から遠ざけられ、行動を起こすための情報を手に入れることができませんでした。しかし、今、家庭に入ろうと入るまいと、女性も男性も等しい情報をリアルタイムで手に入れることができるのです。夫婦を取り巻く環境は、激変したと言えるでしょう。この情況の変化に、どうも男性たちの危機感は薄いようです。

「我慢せず離婚し、幸せに生きている女性たちはたくさんいる。自分だけが我慢して不幸な生活を続ける必要はないわ！」

「子どものためにも、仮面の夫婦を続けるより、別れることが誠実だと思う」

「母親も離婚したけど、今、『離婚して良かった』と言っている」

「夫のＤＶに付き合ってきたけど、もう精神的に限界！」

「子どもが離婚を望んでいる」などなど。


さまざまな理由はありますが、かつてのように「こうあるべき」という単一の家庭像は流動化し、モデルが消えつつあります。それぞれがオリジナルの家庭を創り出すためには、男性のコミュニケーション能力をはじめとする、家庭経営能力を育てることが重要です。何より孤育てで苦戦する思秋期の母親たちへの共感力を高める必要がありそうです。

このままでは、思秋期の孤育てに苦戦する母親たちが、古い家庭観に縛られた共感力の乏しい男性たちに、離婚を突きつけることは増えこそすれ、減ることはないでしょう。しかし、そのことで犠牲になり傷つくのは、子どもたちです。離婚が増えるということは、それだけ傷つく子どもたちが増えるということでもあり、胸が痛みます。

事例5 ずっと、仮面の家族です

「お母さん、指先に血が垂れていますよ。大丈夫ですか?」

カウンセリング中のミエコさんが頭をかきむしった指にしたたるほどの血がついているのだ。

「ちょっと見せて下さい」

ミエコさんの頭部には、いたるところに出血の跡があり、かさぶたになっているところも少なくない。

「これはひどい傷だ。すぐにも医者に見せた方がいいですよ。救急車を呼びましょうか?」

「いいえ、大丈夫です」

「でも、頭から出血しているんですよ」

「ええ、わかっています。このところ、何回もありましたから」

「医者に相談しているんですか?」

「いいえ、病院に行けば、同居している義母に何を言われるかわかりませんから」

「でも、緊急事態ですよ。これは！」

「ええ、体調が悪いのはわかっていますが、今は無理なんです」

ミエコさんは整形外科医の夫と、中学二年生の長男、そして夫の母親との四人家族であり、周囲からは誰もがうらやむセレブ家族とみなされてきた。

「義母との関係は、もともと、良くなかったんですが、息子が私立中学でトラブルを起こし、地元の公立中学に転校せざるを得なくなった一件で、一気に関係が冷え込んでしまったのです」

出血が続く頭を、チリ紙で抑えながら、母親の弱々しい声は続く、

「夫の家は、代々、医者の家系なんです。だから、息子も　私立の中高一貫から国立大学の医学部というコースが生まれたときから決まっていました。ところが、中学三年生になった頃から、些細なことに苛立ち始めるようになり、友達ともトラブルが増え、ＣＤの万引きで補導されてしまったんです」

「それで、地元の公立中学校へやむなく転校したというわけですね」

「ええ、でも一日だけ登校しただけで『もう行かない』と言い出して、それっきりこの半年間、不登校を続けています」

「今、どんな状態ですか？」

「一時より落ち着いてきましたが、義母に対する暴言が酷いんです。私が義母に辛くあたられてきたのを見ていたものですから、仕返しをしてやるんだと言って……」

「それがまた、あなたにはね返るわけですね」

「ええ」

「御主人は？」

「ほとんど帰ってきません」

「仕事？」

「いいえ、外に女性がいます」

「そうなんですか？」

「結婚前から、続いているんです」

「えっ？」

「義母に、学歴が低いと反対されて一緒になれなかったそうです」

「あなたは、それをご存知で結婚されたんですか？」

「いいえ、最初は知りませんでした。でも子どもが生まれたとき、『これで、俺は役割を果たした。後は自由にさせてくれ！』って言われたんです」

「どういうことですか？」

「医者になる跡継ぎを産んだのだから長男としての役割は果たした。お役御免だというこことだと思います。私は学歴が買われただけで、跡継ぎを産む道具でしかなかったんです」

「……」

「それからは、ずっと仮面の家族です」

「それが息子さんの反乱で、仮面が剥がれてしまったということですか」

「そうですね。義母は、自分のストーリーが壊されてしまったうらみを、私にぶつけているんです」

「眠れてますか？」

「いいえ」

「食欲は？」

「ありません」

そう答えると、ミエコさんは両手で顔をおおいカウンセリングルームのテーブルに泣き伏してしまった。

解説　思秋期クライシス

私のところに、カウンセリングを受けに来る母親たちのほとんどが心身の不調を抱えています。一番多いのが、うつ症状です。不安や焦り、更年期や過度の疲労などのストレスが蓄積すると、自立神経の調節機能が低下し、心身の不調が表れ始めます。まず、最初は眠りの質が低下します。寝つきが悪くなり眠りも浅くなります。そして、すっきりとした目覚めを奪われていくのです。しだいに眠りたくても、いつまでも眼が冴えて不快な夜を過ごすことが増えていきます。眠れないことへの不安と焦りが、さらに不眠をエスカレートさせていくのです。

自律神経には、交感神経と副交感神経があり、交感神経は、心身を緊張モードに導く役割を果たし、副交感神経は、リラックスモードに導く役割を果たします。人は強いストレスに継続してさらされると、交感神経が優位になり副交感神経への切り替えがうまくいかなくなるのです。四六時中、緊張モードが続き心身のエネルギーの再生ができません。これでは、エネルギーが電池切れの状態で空っぽになり、日常生活に支障をきたすようになってしまいます。

朝、起きるのが辛くなり歯を磨く気力が出てきません。食欲もなく、家族や仕事が疎《うと》ましくなり、すぐに横になりたくなります、家族と会話することも嫌になり、部屋を暗くして、閉じ込もりたくなるのです。

自分に対する自己評価も著しく低下し、自分を無用の人間だと思うようになり、生きている意味さえわからなくなります。そして〝死にたい〟とさえ考えるようになるのです。

もともと、思秋期と呼ばれる三十代後半から五十代前半の女性たちは、更年期障がいによるホルモンバランスの崩れによって、心身のバランスを崩しやすい時期を迎えています。そこに、新たなストレスが襲いかかると、その病理も深刻化することが多いのです。

思秋期のストレスとして自分自身の若さや美貌の喪失、健康の不安、思春期の子どもの反抗、子どもの進路問題、不登校、夫婦の不仲、家族の介護、子どもの学費、夫のリストラ、転勤など、次々と押し寄せてきます。これを私は思秋期クライシス（危機）と呼んでいます。

そのなかでも、苦戦する子どもへの対応、すれ違いが目立つようになった夫婦の問題は母親の心身に大きなダメージを与えます。

子どもが思春期になり学校生活で苦戦し始めると夫婦の絆の強さが問われます。仮面の夫婦は、その仮面が剥がされてしまうことになります。子どもの不登校が、夫婦の絆を強めるきっかけにもなれば、離婚の引き金にもなるのです。

また、思秋期の母親たちのパートナーである四十代から五十代前半の父親たちは、家庭外に気持ちが一番向く時期でもあります。会社で少しずつ地位も上がり活躍の場も増えていきます。若い女性たちから頼りにされ、お金も少しは自由になります。男の人生にとって、やっとやってきた〃モテ期〃と言えるでしょう。女性の〃モテ期〃は二十代前半とも言いますから、それぞれの〃モテ期〃のタイムラグは二十年ほどあるわけです。夫が〃モテ期〃を迎えて、気持ちが外向きであるのに対して、思秋期の母親たちは、心身の不調を抱え、その上、子どもの問題を抱えて、最も内向きで困難な生活を強いられているのです。そのために、夫婦のすれ違いが生じやすくなり、家族からの見捨てられ感や喪失感に襲われることが多いのです。これは空の巣症候群とも呼ばれています。

夫や子どもに対する依存が強すぎると、それを失ったときには、心のエネルギーは空っぽになり、病理に見舞われることが少なくありません。そうならないための方法と、不幸にもそうなったときに、そこから脱け出すための方法について、この本の後半のページで詳しくお知らせしたいと思います。

事例6 よその子どもはできることが、どうしてなの？

「ずっと長男の子育てをしながら〝？〟の連続でした。子どもがわからなくて、どうしても愛することができなかったんです」

アツコさんは、長い間うつ状態で苦しみ、今、やっと、自分と向き合い始めた四十代後半の、高校生と中学生を持つ母親である。

「そして、子どもが愛せない自分がたまらなく嫌でした。誰にも相談できず、母親としての能力がないんだと、自分を責め続けていました」

「辛い日々でしたね」

「いろんな本を読めば読むほど、愛情に溢れたママ達の記事が満載で、傷つきました。私のように子どもを愛せない母親っていらっしゃるんでしょうか？」

「実際には、子どもを愛せない母親たちはたくさんいますよ。ただ、『私は子どもを愛せない母親だ』と、自分から宣言することは、勇気のいることで、みんな辛い思いをしまい込んでいるんですよ」

「そうでしょうか。皆さん、若いのにとても素晴らしい子育てをしていらっしゃるようで、人前に出ることができませんでした」

アツコさんの表情は、一層暗くなる。

「長男は小さい頃、表情がなくて笑わなかったんです。言葉も遅くてこちらが思うような反応が返ってこないんですよね。だから、ついイライラして、子どもに当たって、そのたびに、自分には、母親として必要な母性が欠けているんじゃないかと、落ち込んでしまうんです」

「自分の期待していた子ども像とは違ったんですか？」

「そうなんです。他のお子さんができることが、なかなかできなくて……。『こんなはずじゃなかった。私の子どもはこんなじゃない』って理想から遠ざかる一方で、憎しみさえ感じました」

「そして、そんな自分を責める？」

「ええ、母親としてだけじゃなくて人としての生きる自信みたいなものを全く喪失してしまいました。そして、周囲の人から私は「子育て能力のない人間だ、母性のない人間だ」と否定されているように思えて、人と会ったり、話をすることができなくなって、うつと診断されました」

「大変でしたね」

「体調は少しずつ、良くなってはきているんですが、やっぱり、長男を愛せません」

解説　子どもを愛せない母親

アツコさんのように子どもを愛せないと訴える母親が増えています。

産む子どもの数が少なくなるなかで、一人の子どもにかける努力とお金は、かつてと比べられないほど大きなものになっています。子どもに自分の全精力を注ぎ込んでいるにも関わらず、子どもが期待通りに育たないと自信を失ってうつになったり、一方、苛立ちを強めて虐待に走る母親たちも少なくありません。

若い母親たちのなかには、子どもに〝こうあって欲しい〟という、理想的な子ども像があり、子どもが自分の思うような反応を示さないと不安を強める人がいます。「おかしいな?」、「もっとかわいい反応をするはずなのに」とあるべき子ども像を引きずって、わが子の物足りない部分だけがクローズアップされてしまいがちです。

なかには、「わが子は発達が遅れているのではないか」、「障がいがあるのではないか」と思い悩みながらも、人に相談したら〝子育てに問題があるのではないか〟と批判されるのが嫌で、一人で抱え込んでしまうことも少なくありません。不安と苛立ちを一人で抱え込むと、そのストレスから精神を病むことにつながるのです。

また、これまでの人生において勝ち組だった女性たちのなかには「子育てだって、人よりうまくやれるはずだ。人に負けない!」と気負ってしまう人がいます。しかし、子育ては、学校の勉強や、仕事の実績とは別ものであり、周囲の力を借りたり、甘えたりする協力・共同の子育ての能力が必要とされます。

子どもは、生まれ落ちたときから別人格であり、母親の分身ではないのです。当然、幼くても自分の意志を持っています。母親の意に沿わない行動を取って当たり前なのです。

しかし、真面目で一生懸命な母親たちは、それが受容できません。周囲にサポーターがたくさんいれば、慰めてくれたり、評価の視点を変えてみるようにアドバイスしてくれるでしょう。しかし、〝孤育て〟だと、気持ちの切り替えができず、親子で煮詰まってしまうことも多いと思います。子どもに発達のアンバランスがあり、こだわりが強かったりすると、母親たちは、子どもをあるがまま受容することができず、精神的に追い詰められることも多いのです。

子育ては、一人ではできません。それを一人でしようとするから、無理があるのです。真面目で一生懸命、そして責任感が強い人ほど、わが子を愛さなければいけないと自分に要求し過ぎて、結果的に愛せなくなっているのではないでしょうか。

相談の事例で感じるのは、子どもを愛せない母親たちのなかで、自分が親から愛されたという実感を持たない人が増えているということです。自分が親から、頭の先から爪先まで愛されたという体験があって、わが子を丸ごと愛せるのだと思います。そういう意味では、愛されたことのない子どもたちが、わが子を愛せない母親となり、また、それが繰り返されていくという、負の連鎖が広がっているような気がします。

第2章

苦戦する思春期の子どもたち

事例1 僕、頑張り続けることに疲れました

「父方も母方も医者の家系で、両親とも医者でしたから、僕も医者になるのが当然だと、疑いもしない子どもでした」

今は通信制高校で学ぶ、高校二年生のヒロシ君は、自分が苦しんできた過去を振り返る。

「本当だったら、姉がいたらしいのですが、生まれてすぐに死んじゃったらしいんです。そこで、次に生まれた僕が一族の期待を一手に引き受けることになったというか。とにかく、医者を目指す以外、選択の道はありませんでした」

「一族の期待に正面から向き合おうとしたわけだ！」

「そうですね」

「じゃあ、小さい頃から英才教育？」

「まぁ、そういうことですね。英語の個人レッスンから始まって、リトミックやピアノ、習字、お絵かき、そして、水泳、毎日スケジュールはびっちり！」

「じゃ、遊ぶ時間もなかったでしょう？」

「ええ、唯一の遊びといえば、移動中の車のなかでのゲームでしたね」

「えっ？　ゲームは許してもらえたの？」

「そうなんです。ゲームは指先の感覚を鍛えるのはいいって、外科医である父親がOKを出したんですよ」

「なるほど」

健気に、親の敷いたレールを走ろうとする子どもの姿が痛々しい。

「頑張り続けることに疲れ始めたのはいつ頃から？」

「基本的には、勉強が好きじゃなかったので、小学校五年生からの受験勉強のための塾通いと、家庭教師にも教わるという、このWの受験勉強は地獄でしたね」

「それは大変だ！」

「その上、長期の休みには、塾の合宿が加わるし、模試もほとんど毎日でしたね。そのうちに、家庭教師が来る日は、お腹が痛くなり始めたんですよ」

「決まった日に？」

「ええ、決まった日に。だから、勉強どころじゃないんですけど、せっかく、親が高いお金を払って、私立に入れようとしてくれていると思うと、お腹が痛いって口にできませんでした」

「それじゃ、辛いよね」

「はい、そのうちに、朝起きるのが辛くなり始めて、学校へ行くのがやっとでした」

「それでも頑張ったんだ?」

「何とか、私立の中高一貫校にすべり込んだんですが、少しはほっとできると思ったら、入学式のその日から、大学受験の話でしょう。正直いつまでもつかなと思いました」

それでも中学校では、何回かの登校しぶりを体験しながらも、軽音楽部の活動が支えとなって卒業までこぎ着け、内部生として高校へ進学したのだという。

「でも、高校生になると、毎朝腹痛に悩まされ、めまいや立ちくらみも酷くなって、親の知り合いの病院にも診てもらったんですけど、どこにも問題はないって言われてしまって……」

「体が動かなくなったのはいつ?」

「高校一年生の五月の連休明けです。朝どうしても起き上がることができないんですよ。体が鉛のように重いんです」

きっとヒロシ君の身体が限界を越えたのだろう。

「神様が休養命令を出したんだね」

「そうかもしれません。でも両親のことを思うと苦しくて、パニック状態がしばらく続きました」

解説 〝幻の子ども〟を演じる子どもたち

わが国では急速な少子化が進み、女性の一人当たりの出生率は低下するばかりです。一人っ子の割合が増え、私が相談を受ける家族も半分以上が一人っ子です。一人で親の期待を背負わなければならない一人っ子は大変だと思います。

かつて、子どもたちは、子どもとしての役割をうまく分担していました。三人兄弟だと長男は責任感が強い優等生役割、二男はユーモアがあってイタズラっ子の役割、そして末っ子は甘えっ子の役割というふうに、うまく機能したものです。

親も最初の子どもには厳しく、下に向かうにつれて甘くなるというのが一般的な子育てでした。だから、末っ子が一番甘え上手で、あるがままの自然体で人に接し、可愛がられやすいと言われています。

しかし、一人っ子は一人ですべての子どもの役割を担わなければならないのです。長男のように、優しく思いやりを持ち、優等生であるとともにリーダー性を要求され、時には二男のようにユーモア精神を発揮して人を笑顔にし、スポーツでも活躍、さらに、末っ子のように、甘え上手で、誰からも愛されることを期待されるとしたら、それは到底無理な話ではないでしょうか。こんな子どもがいたらそれこそ、〝幻の子ども〟と言えるでしょう。

ところが、子どもたちの多くが、親の期待を先取りし、その期待に応えようと健気に努力しようとするのです。〝幻の子ども〟を完璧に演じることはできなくても、少しでも近づこうと必死に努力する子どもたちを、たくさん見てきました。

しかし、小学校の高学年になり、思春期に差しかかると、〝幻の子ども〟を演じ続けることが困難になります。それは要求される学習の中身も高度になり、人間関係も複雑になってくるからです。自我も芽生えてきて、自分の存在証明を確認しようとするなかで、あるがままの自分を探し求めようとすると、演じている自分に対して疑問を感じることも増えるでしょう。

人には、原則欲求と快楽欲求の二つの欲求が存在し、この二つの欲求のバランスが取れて初めて、幸せに生きることができると言われています。

原則欲求とは、「～やらねば、～しなければ」などの〝ねばならないこと〟。快楽欲求とは「こうしたい、ああしたい」などの〝したいこと〟です。〝ねばならないこと〟ばかりが優先され、〝したいこと〟が押しつぶされてしまうことが続くと、心身に不調が生じます。このまま楽しみのない生活には耐えられないと、身体が反乱を起こすのです。

〝幻の子ども〟を演じる子どもたちは、〝したいこと〟を封じ込め、親の期待に沿うために〝ねばならないこと〟を優先し続けます。そして思春期の峠に差しかかるところで、心身にさまざまな症状が出て、何よりも生命《いのち》を救うために、神様が休養命令を出すのです。

今、わが国では、一人っ子だけでなく、〝幻の子ども〟を演じる子どもたちが増え続けています。それは思春期で苦戦する子どもが、今まで以上に増えることを意味します。〝幻の子ども〟の背景には、良妻賢母を演じせざるを得ない母親たちの存在があります。

事例2　〝学校に行けない〟なんて、とても言えなかった

「いつも、安心できる自分の居場所を探していました。でも、安心できる居場所は、とうとう見つかりませんでした」

二十歳になるシンヤ君は、自分の居場所探しの苦労について語ってくれた。彼は今でも精神科の病院の入退院を繰り返しながら、自活の道を探っている。

「一人っ子だったので、小さい頃から、パズルや積み木遊びなどの一人遊びが大好きでした。仲間と一緒にする遊びは基本的にＮＧでしたね。でも母は、社会性が不足したら困ると思って、子ども劇場とか、サバイバルキャンプとかいろいろなところに連れ出したり、参加させたり必死でした」

一人っ子を案じる、一生懸命な母親像が眼に浮かぶ。

「じゃあ『友達百人できるかな？』って歌なんかは、嫌だったんじゃないかい？」

「そうですね。友達はいるに越したことはないけれど、そんなに多くはいらないかな（笑）」

「そうだよね」

「勉強はできる方だったので、小学四年頃から塾通いして、私立中学を目指すことになったんですが、これが地獄の始まりでした。塾通いで忙しくなると、数少ない友達とも遊べなくなるんです。僕の地方では、私立受験組はまだ少数派で、たった一人の仲良しまで、『がり勉は嫌いだ』って離れていって一人ぼっちになってしまいました。運動でも得意であれば、まだ救われたんですが、僕は運動オンチなんですよ。それで、頭が人より大きめなところから頭でっかちの『仮分数』と呼ばれて、からかわれることが増え、学校へ行くのが辛くなりました」

「学校に居場所がなくなったんだね」

「ええ、地獄でした。それで、やっとの思いで家に帰るんですけど、ぐったりして、リビングに倒れ込むと、台所にいる母の背中がピクっと動くんですよ。『そんなにのんびりしていていいの?』、『そんな時間が少しでもあるんだったら、二階に行って漢字の一文字でも覚えたらどうなの?』という、無言のメッセージなんです」

その情況が見えるようだ。

「その頃の僕の願いは、ソファに寝ころんで、好きなだけチャンネルチェンジして、テレビを観ることでしたね」

「そうなんだ」

「そうして頑張ったのに、中学受験に失敗したんですよ」

「それは残念だったね」

「僕もショックでしたが、母親はもっとショックだったらしくて、地元の中学はみっともないからって、隣の市へ越境入学させられたんです。でも、この中学でも、私立くずれって言われて、いじめに合いました」

シンヤ君の顔に涙が光る。

「学校に行くのが辛くなり、朝になるとお腹が痛くなるんです。でも、休みたいなんて言えなかった。母が恐かったし、一方で、悲しませたくはありませんでした。ですから学校へ行くって家を出て、近くの公園で時間をつぶしたり、図書館で本を読んだり、電車に乗って始発駅と終着駅を一日何度も往復したりしていました」

「偽装登校ってわけだ」

「そうですね。母に知られないように、必死で偽装していました。そうして、偽装していたんですが、修学旅行先で身体が硬直して動かなくなってしまったんです」

「ふうん」

「それで救急車で病院に運ばれ、その後は病院を転々としたあげく、精神病院に入院することになって、その後は出たり入ったりを繰り返しています」

「大変だったね」

「今は、表向きは、遠方で就職したってことになっているので、家に帰ることもできないんですよ」

「えっ！」

「とうとう家にも外にも居場所を見つけることができず、二十歳になった今でも居場所を見つけるために漂流しています」

解説　居場所探しの疲れ

子どもはあるがままでいられる居場所があって初めて、生きる力が湧いてくると言われています。その居場所が家庭であれば、子どもにとっては最高に幸せなことです。かつての子どもたちにとって、家庭こそが、心身のエネルギーを再生できる居場所でした。家庭は子どもにも、家族の一員としての役割を与え、その役割を果たすことによって子どもたちは安心感、達成感を味わうことができ、承認欲求を満たすことができたのです。この三つが機能することによって、心身が癒され、明日への活力を生み出すことができたと言えるでしょう。

しかし、今、子どもが求められるのは、優しさ、思いやり、手伝い、親孝行などではなく、勉強ができることが第一なのです。勉強ができない子どもは承認欲求を満たすことができません。勉強はゴールがなく、果てしなく続きます。そして、どんどん難しくなるのです。勉強で達成感を得られる子どもは、一握りにしかすぎません。ほとんどの子どもたちが、親の否定的メッセージを浴び続けることになるのです。肯定的な褒め言葉より、否定的・要求的なメッセージをより多く浴び続けると、安心感は失われ、自尊感は低下します。いつも心は満たされず、不全感の固まりということになるのです。

人は、褒められると、神経伝達物質のドーパミンが分泌します。このドーパミンはハッピーホルモンと呼ばれ、人を幸せな気分にさせ、人をやる気にさせるのです。「ありがとう」という言葉は魔法の言葉と言われています。それは、この言葉を耳にしただけで、ドーパミンが脳内に噴出するからです。また、「よくできたね。よく頑張ったね」と褒められるとこれもまた、ドーパミンが大量に噴出します。家庭のなかで、子どもに家族の一員としての役割がきちんと存在しないと、「ありがとう」、「よくやったね」と褒められることもないのではないでしょうか。

かつて、母親たちのイメージは、〝優しさ〟が第一でしたが、今は〝怖い〟というのが一番にくるようになりました。これは決して母親だけの責任ではありません。わが国に学歴社会が到来してのち、母親の最大の仕事が子どもを健康に育てることから、学力をつけさせることへと転換し、母親が〝お袋さん〟から、子どもに勉強を強いる〝教師〟へと変貌を遂げたのです。そして、並行するように、家庭は安心感・達成感・承認欲求を満たす癒しの場から指示・要求が前面に出る学校化が進んでいったと言えるでしょう。

家庭が学校化し、居場所を失ったシンヤ君は、家庭以外に自分の居場所を見つけようと探し続けたのですが、どこにも自分の居場所を見つけることができませんでした。居場所探しの漂流は心身のエネルギーを枯渇させ、ついには、病理の世界へとシンヤ君を誘ってしまったのです。

今、思春期後期の高校生が中心だった精神的病理が低年齢化し、中学生だけでなく、小学生にも広がりを見せています。それだけ子どもたちが、居場所を喪失していることの証明でしょう。

事例3 食事のとき も、トイレのときもスマホが手離せないんです

「特にスマホが欲しかったわけではないんです。どちらかと言うと、あんなチマチマ系じゃなくてもともとはフェイス対フェイス派だったんですよ。でも周りが一斉にスマホに切り換えたんで、自分一人取り残されたら、嫌だなって思って……」

高校一年生のマユミさんは深い溜息とともにそう語ってくれた。

「みんなに合わせることにしたんだ？」

「無料アプリでラインというＳＮＳがあるじゃないですか？」

「うん、その存在は知ってる」

「ガラケーだとフェイスブックやラインに参加しづらいんですよ。だから〝ぼっち〟

になる覚悟がないと、スマホに買い換えざるを得ないんです」

「そうかあ。私にはついていけない世界なんだけど……」

「私も立ち止まって考えたかったんです。でも、周囲の流れに乗ってしまうと、一人だけ降りることはできません。みんなのスピードに遅れたくないって必死についていくんです。深く考える余裕なんかありません」

「みんな必死なんだ」

「そお！　自分にとって必要かどうかなんて、関係ないんです。とにかく、人が持っている物は持たなければいけないし、人がやっていることは、やってみなければならない」

「ぼやっとなんかしていられないんだね」

「そう、毎日、精神をすり減らしているって感じ！　四方八方アンテナを張っていないと、いつ話題に取り残されてしまうかもしれないから高校生活が超やばいの！」

マユミさんは、公立高校を休学中で、通信制高校への転校を考えている。

「ツイッターもフォローするのが大変だけど、ラインはもっと神経使うんですよ。メッセージを読むと、既読って出るんですぐに何か反応しないと、スルーしたことになって、周りの反感を買うんです。だから、食事のときも、トイレのときもスマホが離せないってわけですよ。ものすごく面倒くさいんです！」

「由々しき事態だね」

「本当は、みんな面倒くさいって思い始めていますね。私の周りでもスマホ中毒みたいな子が増えているし、『もう疲れるよ！』っていうのが合言葉みたいになっていました」

マユミさんは、みんなに遅れまい、遅れたくないと、必死に周囲に合わせているうちに、いつの間にか心身のバランスを崩し、不登校に追い込まれてしまったのである。

解説　遅れたくない症候群

思春期に差しかかると、自我が芽生え、自分が周囲からどう見られているかが気になるようになります。具体的な行動としては、鏡をよく見るようになり、おしゃれをし始めるのです。それまで、外の世界に向いていた意識が、自分の内側に向き始め、人に負けたくない、遅れたくないという、横並び意識が強くなっていきます。
仲間に取り残されることは、いじめを受けていると同義語であり、集団に取り残されまいと、常に周囲にアンテナを張り、流行にも敏感にならざるを得ないのです。

ファッションや芸能情報だけでなく、仲間のうわさ、人間関係、セックスに関する情報収集も欠かせません。遅れていると見なされることは、即、集団の一員からはずされることを意味し、常に緊張を強いられながら、学校生活を送っているのです。その日々のストレスは、大人たちが想像するよりはるかに大きなものであるようです。
セックスに関しても、体験者たちに〝お子ちゃま〟と思われたくない、自分だけ遅れたくないという意識が、セックス体験の低年齢化に拍車をかけているような気がします。

かつて、中・高生につっぱりスタイルが流行した時期があります。こぞって、学生服の丈を長くしたり、スカートも長さを競い合いましたが、そのうちにミニスカ、ルーズソックスが主流になり、かつてのつっぱりスタイルは消えていきました。しかし、ぺったんこのカバンが流行ったときには、流行りには無縁だと思われていた優等生たちも影響を受け、思春期の遅れたくない症候群の存在に、当時教師をしていた私は少なからずショックを受けたものでした。

仲間から取り残されて〝一人ぼっち〟と見られることには、中・高生を問わず、若い人たちには、とても強い抵抗があるようです。友達づくりができないコミュニケーションに問題がある人という、レッテルを貼られることを避けたいのでしょう。そのため、仲間づくりに気を遣い過ぎ、家に帰ってきたときには、グタッと疲れ果て、いくら眠っても疲れが取れないという、うつ一歩手前の慢性疲労症候群が広がっているのです。

人と一緒に居たいというより、一緒に居なければならないという強迫観念に支配されたのでは、人と一緒に居ても楽しくはありません。ストレスはたまるばかりです。このストレスが一定量を越えると、不登校をはじめ、さまざまな病理を引き起こすことになるのです。

事例4　ママ、『あなたのため』は本当に私のため？

「もう、あの人とは口をききたくないし、顔を見るのも嫌！　自分の創ったストーリーにしがみついて、人をいつまでも支配しないで欲しい。こっちがもう、十分に合わせてやったんだから」

出会った途端に激しく母親をなじり始めたのは、知人の高校教師の紹介でやってきた高校一年生のカナさん。余程、うっぷんがたまっているようである。

「幼い頃から、ずっとずっとあの人の言うことに従ってきたんだから！　『お姉ちゃんだから我慢できるよね』、『お姉ちゃんだから、もっと頑張れるよね』って耳にタコができるほど言われ続けてね」

「そうかあ、お姉ちゃん役割を押しつけられたんだね」

「そうですよ！　いつの間にか『お姉ちゃん』と呼ばれるたびに反射的に緊張するようになっちゃって、何でも無条件に従っちゃうんですよ」

「ふうん」

「その上『すべては、あなたのためなのよ』って、言いくるめられてさあ。もう嫌になっちゃう」

「『お姉ちゃん』と『あなたのため！』のダブル攻撃を受けたってわけだ。それは大変だったね」

「そのくせ、二歳下の弟には、ベタ甘でムカつくんだよ。私がちょっと、不満そうな顔をしただけで、ものすごい勢いで怒るくせに、弟には言いたい放題言われてもにこにこしているんだから」

「姉弟で、そんなに違うんだ？」

「いくらなんでも、差をつけ過ぎって思わない？」

「そうだね」

「でしょ！　でしょ！」

最初の険しかったカナさんの顔は、激しい言葉を吐き出すたびに、穏やかなものに変わっていく。そして、言葉つきも変わり始めた。

「今の中高一貫校だって、『娘が受験したいと言ったから、一生懸命応援しました。子どものやりたいことをさせてあげるのが親の役割ですから』なんて、いろんな人に吹聴しているけど、それは真っ赤な嘘！　私は、受験なんか少しも考えていなかったし、塾通いなんて嫌で嫌で仕方がなかった。それなのに、あの人……。いや、母は私が受験を言い出すように仕向けたんです。パンフレットを机の上に置いたり、『仲良しのトモちゃんも受けるみたいよ』とか、『中高一貫校に、お母さんも受験してみたかったわ』って言ったり、とにかく受験して欲しいオーラが満開なんです」

「それで、受験したいと言い出すことになったんだ」

「そうです。あの頃の私にとって、母の存在は絶対でしたから、そうするしかなかったんです」

「そうかあ、そうだよね」

「そのあと塾通いは、本当に大変だったな。私はもともとそんなに勉強が好きじゃなかったし、成績も中ぐらい、それなのにトップを目指さなければならないなんて、考えただけでも、吐き気がしそうだった」

「でも、頑張ったんだ」

「母の『お姉ちゃんだから』、『あなたのためよ』という二つの言葉が、いつも耳の奥でがんがん鳴り響いていて、頑張るしかなかったんですよ。あの頃のことはほとんど記憶にないです。思い出したくもないし……」

「そうかあ、楽しい思い出じゃないもんね」

「中学に入ったあたりから、母の本性に気がつき始めたんです。母は誰よりも自分が可愛い人なんだって。そして『あなたのため』というのはすべて、『自分のため』ということだったんだなあって、そう思うと母の言うことはすべて、嘘くさく見えてきて納得がいかなくなりました。言っていることとやっていることが、違い過ぎてもうこれ以上関わらないで欲しいって……」

「母親を客観的に見る力がついてきたんだね」

「それからが、大変でした」

と激しかった母子葛藤の中学時代を振り返るカナさん。

今もまだ、その渦中にいて、外泊や夜遊びが続いており、進級が危ういと言う。

「母とはライバルなんです。簡単に戦いは止められません」

解説　母子葛藤

母と娘は永遠のライバルと言われます。父と息子がライバルであるのと同じように同性であるがゆえに、あるときは愛し合い、あるときは遠ざけ否定し合うなど、相反する感情のなかで激しく揺れ動きます。このことは母子葛藤と呼ばれ、事例のように、母と長女の間で特に強いようです。

「お姉ちゃん」という呼称は一般的には尊称であり、温かな温もりを感じさせてくれますが一方では残酷な言葉でもあるのです。それは「お姉ちゃん」という呼称を獲得するのと引き換えに、お母さんのおっぱいと温かなひざの上の独占的所有権を弟妹に譲り渡さなければならないからです。まだ自分も幼く、お母さんのおっぱいも膝の上もとても手放せるものではありません。しかし、「お姉ちゃん」と呼ばれると、健気に我慢せざるを負えません。「自分はもう赤ちゃんじゃない。自分はもうお姉ちゃんなんだから」と言い聞かせて、じっと指をくわえて、お姉ちゃんとしての役割を演じ始めるのです。

ある意味、母親が呼ぶ「お姉ちゃん」という言葉は、母親にとってはなんとも都合の良い魔法の言葉であり、長女にとっては逆に悪魔の言葉なのかもしれません。「お姉ちゃんだから」という言葉のあとには、必ず「しなさい！」、「してはいけません」、「頑張りなさい」、「我慢しなさい」、「お利口さんで当たり前」など、さまざまな要求や禁止命令が続くのが一般的ですから、事例のカナさんのように「お姉ちゃん」という母親の言葉に、身体が緊張するようなことも、少なくないのかもしれません。カナさんの母親も、きっと要求と禁止命令が中心だったのではないでしょうか。そうなると、「お姉ちゃん」という声を聞いた途端に、心身が防衛体制に入るのでしょう。

その上に、母親の「あなたのためよ」という言葉が重くのしかかります。やりたくないこと、苦手なことすべて「あなたのためよ」と押し切られてしまう。子どもは身動きがとれません。母親の操り人形のように、その意思に従って動くしかないのです。

そうして、母親の意志によってカナさんも中学受験に挑戦を強いられ、心身ともにボロボロになったのでしょう。しかし、その苦しみのなかで、やや遅れ気味ながらも自我が芽生え、母親との距離を取ろうとし始めると、母親の姿が客観的に見え始めてきたのではないでしょうか。

そこからが母子葛藤の始まりです。母を認め必要としつつも、母の存在が重く許せなくなります。幼い頃から、一方的な指示要求関係が強ければ強いほど、激しく母親を突き放さざるを得ません。母親と息子の場合、母親にとって異性である息子はよくわからない部分があるので、対応が甘くなりがちですが、女性同士である母親と娘は、お互いの内面を理解し合える分、葛藤も激しいものがあるようです。

しかし、母親の側にも言い分はあるでしょう。何故なら、長男であれ、長女であれ、第一子だけは「育てそびれさせてはならない」、「何としても人並み以上に育てなければならない」という、強迫性に支配されるからです。そのために、神経質な子育てや過保護・過干渉の子育てにならざるを得ないのです。

また、自ら実現できなかった夢を娘に託し、娘を通して自己実現を図ろうとする母親も少なくありません。どちらにせよ、わが子であっても決して所有物ではなく、別人格であることを肝に銘じることが大切ではないでしょうか。

事例5　頼むから、俺を少し放っておいてくれ！

「小さい頃、僕にとって、自慢の母でした。周囲から『ユウヤ君のママは若くってきれいだね』と褒められるたび、子ども心に誇らしく思ったものです。英語もしゃべれましたし、料理も得意でした。母と一緒に出かけるのが嬉しくてたまりませんでした」

ユウヤ君は、高校二年生。私立学校で寮生活をしている。高校へ入ってから、実家には一回も帰っていないという。正月でさえ、同じような理由で実家に帰らないという。三人の仲間と自炊して過ごすのだそうだ。

「母親の存在をうざったく思い始めたのは小学校の五年あたりからですかね。姉と妹のことには無関心なくせに、僕のことにはとにかく心配症というか、一種ストーカーみたいなんですよ」

「ストーカー?」

「ええ、塾に行くようになると、勝手に門限が五時に決められて、それにちょっとでも遅れると大捜索が始まります。『ユウヤいない?』って友達の家に片っぱしから電話をかけてきて車で迎えに来るんです。そして、遊んでいた仲間たちに『なぜ、帰してくれないんだ』と、クレームをつけちゃうんですよ」

「それは大変だ」

「友達には、『ママゴンの襲撃だ!』ってバカにされるし、『恥ずかしいから止めてくれ』って頼むんですけど『跡取り息子に何かあったら私は生きていられない』って、聴く耳を持たないって感じでしたね」

「それは思春期を迎えた息子にとっては困るね」

「それで、少し放っておいて欲しくて、何回かプチ家出みたいなものをやらかしたんですよ」

「ほう、やるね」

「しかし、それでも変わらないので、塾のテストで○点を出したり、合宿をさぼったりと抵抗をエスカレートさせました」

「えらいねぇ。今どき、こんな気骨のある高校生はいないよ」

「えらくもないけど、とにかく、母親が自分を諦めてくれるまで、抵抗を続けようと思って、ことごとく反発しました。それでもまだ、進路についても干渉してくるんです。『あんたは跡取りだ』とか、『父親を越えるのがあんたの役目だ』とか、もう勘弁してくれって叫びたい気分でしたね」

「………」

「このまま、この家にいたら母親からつぶされるって実感したんです。どんなことがあっても自分の意志は通らないんだ、とすると自分が自分らしく生きるためには、家から離れるしかないと思って、寮のある学校を選択しました」

「お母さんは？」

「一貫して反対して、最後は、半狂乱みたいになって大変でした。でも、父が最終的にはなだめてくれました。『かわいい子には旅をさせろっていうじゃないか』と……。普段の父は、母親の言いなりなんですけどね。そのときばかりは父に感謝しました」

「まさしく父親の出番だったわけだ」

「でも、決して、気を緩めることはできないんです。モンスターみたいな人ですから。大学進学では、また、自分の意見を押しつけてくると思います。卒業までは、家に帰らないつもりです」

「大学は？」

「ええ、今日は、そのことで相談にきたんです。海外留学にチャレンジしようと思って……」

ユウヤ君の母子分離はドラスティックであるものの　見事というほかはない。

解説　母子分離

思春期までの親子関係は、よく飼い主と犬の関係に例えられます。飼い主は絶対的な存在で、犬は飼い主に従わなければ、餌を与えてもらえません。生殺与奪の権は飼い主が持っているのです。飼い主の御機嫌を伺うために、犬は気を遣います。気に入ってもらえなければ捨てられる可能性もあるからです。犬はどんなストレスがかかろうが、ひたすら、従順に振る舞うしかないのです。

母親と子どもの関係も、これとよく似ています。子どもは、母親に愛してもらえなければ、生命《いのち》をつなぐことができません。だからこそ、理不尽な要求であっても我慢するし、過度な期待に応えようとするのです。子どもの思春期以前までの、母親の地位は、子どもの健気な我慢によって守られていると言えるでしょう。

しかし、子どもが思春期に差しかかると事情が変わってきます。子どもに自我が芽生えてくるのは〝つ離れ〟の時期です。一つ、二つ、三つ、四つ、五つ、六つ、七つ、八つ、九つと九歳までは、〝つ〟がついていますが、それが十歳になると十と数えて、〝つ〟がなくなります。つまり〝つ離れ〟の年齢に達したのです。〝つ離れ〟は〝巣離れ〟を意味し、精神的な母子分離が始まる時期と言えるでしょう。

この〝つ離れ〟の時期の特徴的な行動があります。それは、子どもが鏡を見るようになるということです。鏡に映った自分が顔や姿を見ることによって、他者から自分がどう見られているかということを気にし始め、人と自分を比べ始めます。自分の姿、かたちは人並みかどうか。能力的に劣っていないかどうか。仲間にどう評価されているか。

それまで、外に向いていた意識が内側に向けられていきます。そして、次第に異性の視線が気になるようになるのです。そうなると、今までのように母親に気に入られることより、異性に気に入られたいという意識が強まってきます。母親より異性の評価が重要になってくるのです。

こうなると、いつまでも犬のように従順ではいられません。母親の指示に対して抵抗感を示したり、ボイコットを試みたりすることも増えてきます。そして、母親との距離を自分の意志で決めようとし始めるのです。

母親がわが子が犬から猫へと変化し始めたことを認識し、猫的行動を受容してくれれば、思春期の母子分離はスムーズにいきます。しかし、母親が、わが子をあくまで従順な犬のままで閉じ込めて置こうとするならば、それは子どもにとって大きなストレスとなり、母親の存在こそが最大のストレッサーということになるのです。このストレッサーを取り除かないと、思春期の峠は越えられません。そこで、子どもは「今までのようにあなたの言いなりにはならないぞ！」と言ったメッセージを繰り返し発信します。

しかし、このメッセージが功を奏さない場合は、やむを得ず、わかりやすいドラスティックな行動に打って出るのです。あえて、テストで○点を取ったり、喫煙や万引き、プチ家出、不登校を選択することもあるでしょう。子どもたちなりのやむにやまれぬ母子分離宣言であると言えます。

ユウヤ君のように、寮生活を選択したり、海外留学を希望することも母子分離には有効な方法です。

この思春期の時期に母子分離がうまくいかないと母子依存が強化され、自立できない若者たちが増え続けることになるでしょう。

かつて、子どもの数が多いときには、子どもたちは順番に、犬から猫へと変貌を遂げ自然に母子分離を達成することができました。そのために、ユウヤ君のようなドラスティックな母子分離をはかる必要はなかったと言えます。今、少子化のなかで母子依存が生じやすくなり、母子分離は難しくなる一方です。

事例6 空気が読めず、またやってしまいました！

「また、やってしまいました。自分では手加減したつもりだったんですが……」と落ち込んでやってきたのは、通信制高校三年生のヒサシ君。スポーツが得意ですが、仲間からは、空気が読めず独りよがりだと敬遠されている。

「久しぶりのフットサルの授業だったんでつい気合が入ってしまって、フィジカル的には、そんなに強い当たりをしたつもりはないんですけど、帰りの電車では誰にも声をかけてもらえない有様でした」

「それは、悲しい思いをしたね」

「それで、また、やってしまった！　と家に帰ったら落ち込んで……」

「また、家族に当ったの？」

「いえ、それだと全く今までと同じで、成長がないから布団をかぶって寝ていました。ところが一晩寝たら、もう起こったことは仕方がないと少し切り換えができたんです」

「だったら、落ち込むことないじゃん！　一晩で切り替えができるなんて、それは、大変な成長だね。褒めてあげるよ！」

「ありがとうございます。自分でも、少しびっくりしています。以前だったら、家の物をぶん投げて暴れた上に、自分が嫌いになって、二週間くらい家族に当たり続けていましたからね」

彼は、勝ち負けにこだわったり、自分の欲しいものがあると強い執着を示すだけでなく、承認欲求が満たされないと気持ちのコントロールができなくなって、言動が攻撃的になるのだ。しかし、ここにきて自己認知が進み始めているようだ。

「小学校三、四年生の頃までは、サッカーでも活躍できたんですよ。一番足が早かったからボールを受けたら一人でドリブルしてシュートまで持ち込むんです。仲間にパスしたら相手に獲られることが多くて、それじゃあ、自分が一人でやった方が早いって」

「ヒーローだったんだ」

「そうですね。でも、小学校の高学年になると、みんながボールを回してくれなくなったんです。コーチも『チームプレイを理解しろ』って言い始めて。それで、文句を言ったら、一緒に帰ってくれる仲間がいなくなって、何かいじめられたみたいな感じでサッカーが面白くなくなったんです」

空気を読めない、独りよがりのプレイが敬遠され始めたのだ。

「中学校では毎日、何かトラブルっていました。そこで、地域のクラブチームに参加したんですが、そこでももめて、一人で練習していました」

「一人で？」

「そうです。自分で本を読んで、自分に合うトレーニング方法を見つけ出しました」

「すごいね」

「それで、もう一度、高校のサッカー部にチャレンジしたんですが、三日で嫌になっちゃいました」

「三日で？」

「頭ごなしに怒鳴られ、理論的にもおかしいトレーニングを押しつけられて、ここは自分の居場所じゃないと思いましたね」
そして、自分のペースで通うことができる、私立の通信制高校に居場所を求めたのだ。

解説 ST気質の顕在化

事例のヒサシ君のように、五感力は豊かですが、相手のペースや指示・要求などに合わせることを苦手とする、ST（スペシャルタレント）気質の子どもたちが急増しています。

スペシャルタレントの子どもたちは、自分のペースで取り組むことや思う存分こだわることが許容されれば、自分の内なる感性を自由に表現できるのですが、急かされたり、競争させられたり、上から目線で指示・介入されたりすると、力を発揮することができません。ときには、混乱してパニックを起こしたり攻撃的行動を取ったりして、周囲を驚かせることがあります。

幼い頃より、その気質は気になる言動として現れますが、より顕著となるのが思春期以降です。思春期は生活にスピードが求められ、人間関係が複雑化します。すると、周囲に合わせることが苦手で、こだわりの強い子どもたちは、集団生活に息苦しさを感じるようになるのです。

物事に取り組むなら完璧を目指したい、人に批判されるようなぶざまな姿はさらしたくないと考え、勝てないことには最初から参加しない。少しでも不安を感じたら行動を起こさないなど、オール or ナッシングの二極化思考が特徴です。一度仕分けをしてしまうと、それを切り換えることは難しく、頑固に自分の決めたことを押し通そうとします。

グレーな状態に身を置くことができません。自分の進むべき道、新しいチャレンジの内容がクリアでないと、足を踏み出すことができないのです。

思春期になると、人間関係がグレーゾーンに入ります。自分をあるがままにさらけ出せる人間関係や安心できる居場所はなかなか獲得できません。しかし、ST気質の子どもたちは、クリアな居場所でないと安心できないために、必死で居場所探しを続け心身ともにすり切れてしまうのです。

こうして、周囲に合わせようとして気を遣っているにも関わらず、空気が読めないと否定されるのならば、これ以上集団のなかにいる意味がないと判断するのです。

ヒサシ君のように、ST気質の子どもたちはオール or ナッシングですから、手加減ということが思うようにできません。

ほどほどにやろうと思っていても、いつの間にか我を忘れ全力投球してしまうのです。それゆえに、「対外試合でもあるまいに何で授業でこんなにムキになるんだ！」と仲間から浮いてしまうことにもなるのです。

ピュアで、一生懸命。駆け引きをすることも、うまく嘘をつくこともできません。それゆえに、大人の仲間入りをし、駆け引きや建前と本音の使い分けをし始める思春期の世界では、日々疲れ果ててしまうのです。

このST気質の多くは、遺伝的なものと考えられ、ヒサシ君の妹さんも五感力は豊かですが、人間関係能力に弱さがあり、同じ気質を持つST家族ということができると思います。

次の章では、ST気質の父親の事例を紹介します。苦戦する子どもたちのこの気質は父親から受け継ぐことが多いのです。

しかし、ST気質の父親（STパパ）は、子どもの苦戦の原因が自分のST気質にあるなどとは、つゆほども思っていません。逆に共感力の不足やストレートな物言いによって、子どもだけでなく、母親をも苦しめてしまうのです。

第三章では、第一章、第二章のように、事例ごとに解説を加えるというやり方ではなく、各事例のすべてが〝STパパ〟という共通するテーマなので、最後にまとめて、その解説と具体的な付き合い方をお話したいと思います。

第3章

苦戦するSTパパたち

事例1 空気の読めない三高STパパ

「結婚する前から、『ちょっとコミュニケーションがかみ合わないなぁ』とは思っていたんですけど、一緒に生活すると予想以上でした」

そう語るのは、小学二年生の双子の母であるミサコさん。夫は、大手電気メーカの研究所に勤めるエンジニアで、有名私立大学を出た三高パパである。

「本当に空気が読めないっていうか、このぐらい伝わっているよねと思うことが、えっと思うぐらいずれちゃうんですよ」

「例えば？」

「子どもは、男の子と女の子の双子なんですけど、お互いに攻撃的な性格で、けんかが絶えないんです。だから、子どもたちを残して外出することは、極力したくはなかったんですが、やむを得ない用事があったもので、夫に『心配だから、しっかり見てて下さい！』って頼んででかけたんですよ。そうしたら、どうなったと思います？」

「……」

「帰ってきてびっくり！　子どもは二人とも顔に青いあざを作って、鼻血を出しているんですよ」

「えっ？」

「私が、もうカァーと血が昇って、あなた、いったい何してたの？　ちゃんと見ていてと言ったでしょう！　と怒鳴りまくったら、夫は『だから、言われた通り、見ていたんだよ』と、悪びれもせず返事をするんです」

「……」

「『何、寝ぼけたことを言っているの。子どもが血を流すまで放っておいてどうするのよ。いくらなんでも、そうなる前に止めるでしょうに』となじったら『だったら、先に、そう言っておいてくれよ』って、反論するから、もうあきれ返ってしまって」

「言葉通りの理解の仕方なんですね」

「そうなんです。『見てろ』って言われたから文字通り、けんかが激しくなっても、止めに入りもせず、じっと見ていたんです」

「『見ていてくれ』って言葉には、何か起きたら適切に対応して欲しいというメッセージが込められているのが読み取れないんですね」

「すべてがこの調子で、この先のことが思いやられます。これを見て下さい」

そう言いながら、ミサコさんはＡ４のレポート用紙を差し出した。

「これは？」

「子どものけんかの件で、私になじられて申し訳ないと思ったのか、翌朝、テーブルに置いてありました。子どものけんかの顛末《てんまつ》が克明に記されています。本当に、しっかり見ていないと書けない内容です」

「すごい観察力ですね」

「ええ、でも残念ながら私の要求とは、ずれがあるってことには気がつかないんですよ。誠実でいい人なんですけどねえ。子どもと一緒に想定外の行動が多いので疲れちゃいます」

事例2 攻撃的なジャイアン型STパパ

「とにかく、ちょっとでも自分の思うようにならないとキレるんです。物も投げますし、手が出ることもあります」

「それは大変ですね」

「会社では、仕事ができると評価されているみたいですけど、家では、超ワンマンで手がつけられないんです。みんなで、気に障ることを言わないように、しないようにとピリピリしています。テレビのリモコンの位置がいつもと数センチずれているだけで、イライラし始めるもんだから子どもたちは夫の足音が聞こえてくると、『ジャイアンが帰ってきたぞ』って叫んで、『リモコンよし！』、『新聞よし！』、『スリッパよし！』って具合いに指さし呼称してチェックしています」

一流証券会社のトレーダーを夫に持つ、二児の母であるフミさんの顔には、左目の下のあざが残っていて、痛々しい。

「夫は数字を扱うことには、天才的なものがあるらしく、トレーダーとしても何度かヘッドハンティングをされています。社会的には勝ち組の一人だと思います」

「そうですね」

「しかし、家庭人としては最悪なんです。とにかく、自分の考え方が絶対正しいと思っていて、それを家族にも押しつけます。それに対して、少しでも不満そうな顔をすると『お前たちは能なしだ！』とか『養われている身で生意気だ！』と暴言を吐くんです。時には、『死ね！』とも言いますし、耐えられません」

「明白なＤＶですね」

「数字には徹底してこだわるので、家計簿が一円でも合わないと大騒ぎです。私を『信用ならん。お前は泥棒だ』と言って、殴ることもあります」

「目茶苦茶だね」

「今までは、主人の能力を尊敬し、子どもも小さかったので我慢してきましたが、限界のように思います」

「あなたが心身ともに傷ついているということは、ご主人にお伝えになりましたか？」

「ええ、何度か」

「その反応は？」

「『お前の代わりはいくらでもいる』って突き放されました」

と、フミさんは肩を落とす。

フミさんの夫は、天才的トレーダーとして社会的に成功したようだが、周囲の人々の心の内を読み取ったり、相手の悲しみに寄り添うという共感性に欠けており、家族を精神的に支配するジャイアン型のＳＴパパと言えそうだ。

事例3　学歴絶対型のＳＴパパ

「学歴がすべてというか、それが人を判断するときの唯一の拠り所になっています。常に自分の最終学歴を鼻にかけ、学歴のない人をバカにするんです」

「御主人の最終学歴は？」

「一応、日本の最高学府と呼ばれているところです」

「超エリートなんですね」

「もう、それだけで生きているところがあります。確かに頭はいいと思います。私と出会った時の店の名前から料理の内容、流れていた音楽、私のファッションまで何から何まで細かく記憶しています」

サトミさんの夫は、中央省庁のエリート役人である。それがゆえに、子どもたちへの要求レベルも高いという。子どもたちの反発も大きいようだ。

「高校生の長女は、反発しながらも、父親が指定した高校に入ったのですが、中学三年生の長男は小さい頃から、絵を画くのが大好きだったものですから、『将来は美大の付属に進むんだ』と言って、父親とは口もききません！」

「進みたい道があるんですね」

「ええ、でも、父親は『美大なんか出ても、メシは食えない！　あんなものは道楽者がすることだ』って全く受けつけないんです」

「頭ごなし？」

「そうなんです。人の価値を最終学歴という単一尺度で判断する人なので、自分が進んできた進路以外は理解できないんです」

「困りましたね」

「息子は『父親が押しつけを止めるまでは家に帰らない』って、友達のところを転々としています」

「なかなか、骨のある息子さんですね。御主人の人間関係はどうですか？」

「はっきり言って人付き合いは下手ですね。まず、人の話をじっくり聴くことはできませんし、取り留めのない会話に参加することもできません。すぐに結論を出したがりますし、自分の分析や考えを押しつけようとします。素早く白黒をはっきりつけないと我慢できないみたいです。ですから、韓流ドラマのように周りくどい恋愛ドラマは、イライラするって言って、見ようとしませんね。見るとすれば、ニュースと勧善懲悪型の時代劇ですかね。あれは、一話完結で白黒つきますからね」

「そうですね」

「きっと、定年で仕事がなくなったら、寂しい老後になると思います。地域の人たちと、うまく折り合いをつけて、溶け込んでいけるとは思いませんし、今のままのあの人では家族を含めて、誰も寄りつかなくなると思います」

ここにも、自己認知の弱いＳＴパパがいる。

事例4　子どもとの関わり方がわからないスネ夫型ＳＴパパ

「一応、あっちこっち連れて行ってはくれるんですよ。だから、本人は、自分のことを『子ども思いのパパ』だと思っているんじゃないですか。でも、連れて行くだけで関わろうとはしないんです」

と嘆くのはユミコさん、小学六年生の長女、小学四年生の二女、小学一年生の長男の三児の母でもある。夫は一流企業に勤めており、三高パパの一人である。

「この前も、家族で遊園地に行ったんですけど『俺は入口で待っているから、楽しんでおいで』って自分は入口でスマホをいじりながら待っているんです。いつものことだから子どもも驚かないんですけどね。最初の頃は、子どもたちも『パパ、一緒に観覧車に乗ろう』とか誘っていましたけど、今では、子どもたちも諦めているみたいです」

「そうなんですか」

「どうも、子どももどう関わっていいかわからないんだと思います」

「オールｏｒナッシングなんですね」

「そうなんです！　気が向いたときには、自分の一方的な思い入れで楽しく子どもに接して、すぐに飽きるっていうか、疲れるっていうか……。そうなると今度は、無視しちゃうんですよ。子どもが甘えても、かまってあげないし、自分の世界に逃げ込んじゃうんです」

「自分の世界に？」

「そうなんです。もともと、活字が好きな人なんで読書とか、フェイスブックとか、株式の研究にもはまっていますね」

「誰にも関わらなくて済みますね」

「子どもって、どう行動するか予測がつかないじゃないですか。その予測がつかない行動に合わせるということが難しいみたいです。すべて、自分が立てた計画や予測した通りに、周りの人間を合わさせようとします。だから、周囲が自分に合わせてくれる間は人とも関われますが、自分が合わせなきゃならないとなると、すうっといつの間にか消えてしまうんです」

「マイペース？」

「そうですね。マイペースと言うか、相手のペースに合わせることができないのでしょうね。だから、子どもに関われないんです。子どもは、それこそマイペースですから、関わろうとするとストレスがたまるんだと思います。夫の父親もそうだったみたいで、自分がお父さんにかまってもらった体験が少ないことも、影響しているんじゃないかと思っています」

事例5 ストレスに弱いのび太型STパパ

「来月から、半年間の病休の期限が切れるので復帰するんですが、今のままだとまた再発するんじゃないかと心配なんです」

ヒロミさんの夫は中小企業の中間管理職だが、うつを発症して半年間の休職に追い込まれたのだと言う。

「もともと、小さな会社で設計の仕事を任されて、一人でやっていたんですが、会社が合併して大所帯になり課長にさせられたんです。本人は、組織のマネージメントのできない自分の気質を知っていたのでずっと悩んでいたんですが、『断ったら、新しい会社に君の椅子はないよ』と脅かされて、渋々承諾したみたいです」

「余程、不安が強かったんですね」

「それですぐ、『眠れない』って言い出して、みるみる痩せていき、ついに夏場に入った頃には起きられなくなってしまったんです」

「それで、うつの診断が出たんですか?」

「そうです。中学と高校の頃にも人間関係がうまくいかなくて、学校に行けなくなったことがあるみたいなんです。それで、『俺は、集団のなかでは生きて行けない人間だ』と悟って、一人でもやっていける設計の仕事を選んだんだと言っていました」

「それなのに、一番苦手な人間関係のなかに放り込まれてしまったわけですね」

「もっと、自分の意見が言えればいいんですが、一番大事なときに、その言葉をしまい込んでしまうんです。面倒なことには関わるのが嫌みたいで、つい引き受けてしまって、いつも後悔していました」

「まるで、のび太君みたいですね」

「そうです。学校時代にのび太に似ていると、よく言われたみたいです」

「とすると、中間管理職の仕事は厳しいですね」

「そうだと思います。あの人は好きな設計をしているときが一番生き生きとしているんです」

「休んでいる間は、どうでしたか？」

「最初の三か月は寝てばかりでしたが、薬も効いたみたいでここ二か月ほどは好きな設計図を描いて、だいぶ元気が出てきました。でも最後の一か月は、また、不安が募ってきたのか、眠れなくなってきたようです」

「そうすると、思い切って設計の仕事を存分にさせてくれるところを探すか、降格を願い出るか、考えた方がいいのかもしれませんね」

「そう思います。あの人には中間管理職は不向きなんです。これ以上、追い詰められて自殺でもされたら困るので、しっかり話し合ってみたいと思います」

事例6 ワンウェイ型のSTパパ

「旅行に行くときに、緻密《ちみつ》な計画を立ててくれるのは助かるんですが、予定通り事が運ばないとイライラして大変なんです。とにかく、予定の変更というのができません。予定した電車に乗り遅れようものなら、『もう帰る！』と言い出すし、注文した料理が自分の予定した時間より遅れたりすれば、『もういらん！』と言って、店を飛び出してしまうんです。もう付き合うのが大変で……」

こう嘆くアヤさんの夫は脳科学が専門の大学教授。著作も多く、多方面から、大きな評価を受けている。そのこだわりの強さは、研究面ではプラスに作用するが、こだわりの強さが家庭に持ち込まれると、前記のように、家庭を困惑させてしまうことになる。

「少しでも、待ち合わせの時間に遅れたらそれこそ機嫌が悪くなるので、必ず、待ち合わせの十分前に着くことにしています」

「……………」

「とにかく、負けず嫌いで自分の決めた道をまっすぐに進みたい人なので、高速道路で割り込みでもされたら、もう大変。ものすごい形相をして、抜き返しますね」

「なかなかやりますね」

「郊外に出かけて、道路が混雑すると、農道を走りたがるんです。どんなに遠回りでも、誰も邪魔する者がいないからって」

「相当なワンウェイ型だなぁ」

「自分の行く手をさえぎる信号が大嫌い、混雑が大嫌い、待たされるのが大嫌い、あいまいなことが大嫌い、嫌いなものだらけで、自分が思うように行動ができないと嫌なんです」

「じゃま者は消せ？」

「そうそう！　シンプルイズベスト！」

「わかりやすいと言えば、わかりやすいですよね」

「そうですね。駆け引きや嘘はつけません。刺激を受けたことに正直に反応しちゃうんでしょうね。だからこそ、研究者には、向いているのかもしれません」

「まさしく、スペシャルタレントだと思います」

「確かに、特別な才能は持っていると思いますが、ずっと付き合っていくには疲れることこの上ないです」

「私も話を聴けば聴くほどご主人と似た気質を持っているような気がします。今日帰ったら、私も妻に感謝の気持ちを伝えなきゃ……」

事例 7 ゲーム大好きなSTパパ

「家に居るときは、自分の部屋でほとんどゲームをしていますね。家族とも自分から交流しようとはしません。帰ってきたら部屋に直行ですから」

これは子どもの話ではない。小学校高学年の二人の子どもを持つ、れっきとした三十代後半の父親である。ルミさんの夫であるこの男性は、航空機を誘導する管制官の仕事をしている。

「付き合い始めた頃は、自衛隊のパイロットを目指していたんです。遠距離恋愛で、月一回しかデートできないのに、その日は一日中ゲームセンターなんですよ。ひたすらゲームに没頭するんです。その集中力には唖然呆然という感じでしたね。私はそのそばでずっと本を読んでいました」

「動くものが好きなんですね。動体視力が半端じゃないほど、優れているんでしょう」

「そうだと思います。小さい頃から、電車や自動車など動くものが好きだったみたいで、それが高じて航空機のパイロットを目指したと言っていました」

「やはり、そうですか」

「でも、パイロットの訓練が始まって、地上でのシュミレーション場面では優秀な成績だったのが、リアルな空中での操縦訓練では、フリーズしてしまうことが多くなったみたいです」

「バーチャルの世界では通用していたのがリアルな世界では通用しなかったんですね」

「そうですね。さかんに『本物とゲームは違う。俺には無理だ！』って言い出して、地上勤務である管制官の道を選ぶことになりました」

「それは正解だったかも知れません」

「今、刻々と変わる画面に向き合えて満足していると思います」

「とすると、相談は？」

「子どもが父親をまねて、ゲームびたりになり始めて困っているんです。この前は、『ゲームセンター荒らしだ』って苦情がきたんですが、夫は全くあてになりませんし、どうしたらいいかと……」

「ゲームセンター荒し？」

「ええ、ゲームセンターにＵＦＯキャッチャーってありますでしょ？」

「ええ、クレーンで釣り上げるやつですよね？」

「あれを全部釣り上げちゃったんですよ」

「ええっ？　それはすごい！」

「それもコイン一枚で」

「それは天才だ！　お父さんのＤＮＡが受け継がれているんだ！」

「他にも、スロットルで大勝ちしたりもして、お店の方から出入りさせないでくれって」

「お店としては、商売上がったりなんだろうね」

「でも、本人としては、『何も悪いことなんかしていない！』って言って、言うことを聞きません」

「ううん、天才的な才能だけに、もっと応援してあげたいという気もするけど……。困ったね」

◎STパパを理解するために

今、家庭生活で苦戦するSTパパ、家族を病理に追いやるSTパパが急増していま す。STパパとは、ST（スペシャルタレント）気質を持つ父親たちのことで、私の造語です。

このST気質を持つ父親たちは、人よりはるかに感度の良い五感力を持っており、知的に優れているだけでなく、高学歴であったり、資格を得て社会的に成功していたりと、溢れる才能を持っています。頭にひらめいたこと、刺激を受けたことに対し敏感に反応し、それを形にする力に優れているため、芸術家やアスリート、物づくりや研究の世界で、成功している方が多いのです。

しかしそれとは裏腹に、その場の空気を読んだり、相手の内面感情に寄り添うことが苦手です。相手の要求に合わせること、待つこと、グレーゾーンに身を置く力などに欠け、柔軟性や折り合いをつける力などにも弱さがあります。気持ちの切り替えにも時間がかかります。思春期の子どもにこのST気質がある場合は、学校生活で苦戦することが多くなります。（子どもに見られるＳＴ気質については、『未来に輝け！　スペシャルタレントの子どもたち』（学びリンク発行）で詳しく解説しています）

ノーベル賞を取るような学者や研究者たちは、人間関係に割く時間を極力削って、ひたすら、自分の専門分野に集中し、こだわり続けて取り組んだ結果、独自の世界に到達するのです。世界で活躍するアスリートの多くもこのＳＴ気質を持っていると私は考えています。優れた動体視力を存分に生かしながら、自分のペースやスタイルにこだわり抜いて、前人未踏の高みへと到達したのです。わが国の伝統技術、物づくりの世界にも五感力に優れ、こだわりの強さを持つ先人たちが、時には変り者と揶揄されながらも、己の発想やアイデアを形にし続けてきたからこそ、世界に誇る文化が生まれてきたのだと思います。この人たちに、バランスの取れた人事マネージメント能力を期待した人はいないでしょう。

スペシャルタレント気質を持つ人たちの脳のエネルギーは、自分の興味関心のある領域にはスムーズに流れ、面倒な人間関係領域には流れにくいのです。脳のエネルギーの分配率に偏りがあると言ってもいいかもしれません。しかし、このアンバランスさこそが、最先端の科学技術や医療、多彩な芸術、文学作品を生み出す力なのです。何でもバランス良くできる天才はいません。偏りがある気質の持ち主でなければ、そうした分野では成功できないのではないでしょうか。

ある部分が極端に秀でれば、ある部分は極端に劣るのです。バランスが極端であればあるほど、天才に近いと言えるでしょう。天才ほど、苦手とする分野も多くなり、その最たるものが協調性であり共感性という分野なのかも知れません。

ＳＴ気質のパパたちは、得意分野と不得意分野がはっきりしています。

不得意分野は、協調性や適応力、そしてコミュニケーション能力でしょうか。家族との関係をスムーズにするためには相手に合わせたコミュニケーション能力が求められます。疲れた妻に対しては思いやりのあるいたわりの言葉とともにじっくり話を聴いてあげる力が必要ですし、子どもにも一方的な価値観の押しつけでなく、子どもの頑張りを

【ST気質　脳のエネルギーの分配率】

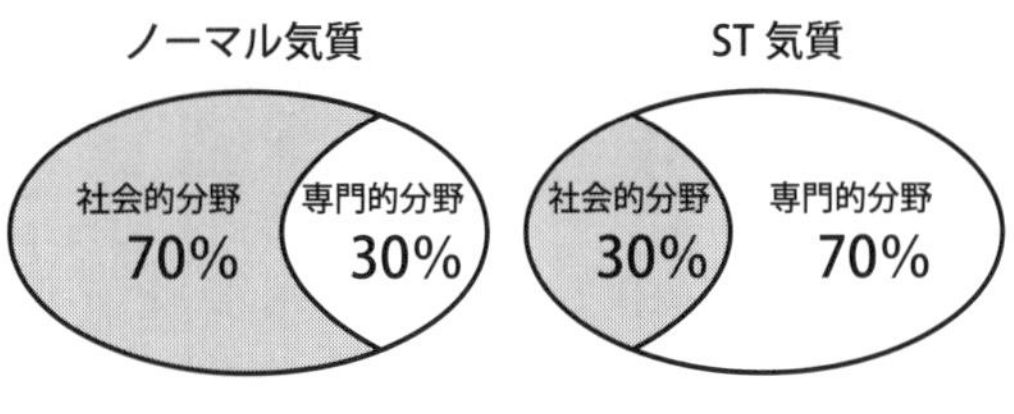

評価し、苦戦している場合には、傷ついた心への共感力が欠かせません。

しかし、事例の多くが示すようにＳＴパパたちに共通するのは、相手に合わせて、その相手にフィットするようなコミュニケーションが展開できないということです。

・上から目線の一方的なコミュニケーション
・自分の言いたいことだけを言い、相手の話をじっくり聴くことができない
・面倒だなと思ったら、自分の世界に逃避する
・取り留めのない会話に参加することが苦手
・結論を先に求めたがる
・相手の話に興味を失うと、その場の空気を読まず、自分のしたいことを始めてしまう
・相手に気を遣っているつもりでも、相手にはもっと気を遣わせていることに気づかない
・自分の価値観や意見を相手に押しつける
・どんなことにも解釈をつけたがる

・その場の空気を読まず、一方的にしゃべり続ける
などなど。

このようなコミュニケーションでは、家族からは煙たがられるでしょうし、良好な関係を築くことも難しいのではないでしょうか。ゆえに社会的に評価されるような仕事をしていても、家庭人としては困った存在として、家族とすれ違ってしまうSTパパが多いのです。

STパパには、さまざまなタイプがありますが、代表的なのは、ジャイアン型、のび太型、スネ夫型の3タイプです。

ジャイアン型は、事例のようにワンマンで頑固、一度決めたら自分の意志を曲げません。

負けず嫌いで、相手を力ずくで支配しようとします。相手が思うようにならないと、言葉の暴力だけでなく、手が出ることもあります。しかし、オールorナッシングの気質なので、自分の思い通りにならないことが続くと、全てを放り出してしまうことも少なくありません。攻撃には強いものの、守りに入ると脆さがあるのが特徴です。

子どもに対しても、思うようにならないと「もう、お前に期待しない！」とか、「言う

ことを聞かないなら出ていけ！」とか、極端な言動で、家族を振り回すことになりがちです。

のび太型は、家族との関わりが上手でありません。特に面倒くさいことから逃避し、家族のなかでもマイペースを貫こうとします。家に帰ってきてもすぐに自分の部屋に入ってパソコンに向かったり、音楽を聴き始めたり、なかには、ゲームに熱中することもあります。子どもとも、ゲームではつながることができても、子どもの興味に付き合うことが苦手です。妻とも、積極的にコミュニケーションを取ろうとはしません。妻を孤育てに追いやってしまうタイプです。

このタイプの父親は、仕事を転々とすることも多く、妻の精神的負担は大きなものがあるようです。

スネ夫型は、自分に興味がある話題や、自分中心で、コミュニケーションが展開できる場であれば、家族と関わることができますが、取り留めのない話題や自分が中心でない話題となるとすっといなくなってしまったり、自分勝手に別のことを始めたりしがちです。悪気があるわけではないのですが、自分が主役でないのなら、自分はそこに留まるよりも少しでも早く自分の世界で好きなことを追求したいと考えてしまうのです。その辺が、自己中心だとか、わがままだとかの批判を浴びることになるのでしょう。

このように、相手に合わせること、家族で協力し合うことの苦手なSTパパたちは、家族に大きなストレスを与えることになります。

最も影響を受けるのは、妻たちです。核家族の子育てにおいて、不可欠なのが父性と母性のバランスです。STパパたちは、その偏ったコミュニケーションのために、求められる父性を発揮できません。極端に強すぎたり、弱すぎたり、ずれていたりと、妻たちのストレスの種になりやすいのです。妻たちは、次第にSTパパたちに、子育てのパートナーとしての役割を期待しなくなり、〝孤育て〟の道を選ばざるを得なくなります。

そして、この孤育ては、母子依存というやっかいな家族病理を生み出す背景ともなるのです。

このSTパパたちのなかで、社会的に成功している人たちは、企業社会よりも、医者・弁護士・新聞記者・研究者・設計士・会計士・芸術家・大学教授などあまりチームワークを要求されることのない、個人の能力や資格を生かせるプレイヤーと呼ばれる領域で活躍しています。自営業の世界もＳＴパパたちが力を発揮しやすい領域と言えるでしょう。このように、自分は企業社会には合わないことを自覚して、企業社会の外へ仕事の場を求めたＳＴパパたちは、自分の居場所を得て、病理に見舞われることは少ないようです。

一方、企業社会においては、苦戦するＳＴパパが増え続けています。企業社会においてはマイペースやマイシステムは認められません。常に周囲のペースに合わせ、相手の要求を先取りしたり、空気を読みながら仕事をし続けなければなりません。周囲に合わせることが苦手なＳＴパパたちは、ストレスの固まりになってしまうのです。

そして、うつをはじめとする病理に陥ることが少なくありません。それは、完璧主義や好き嫌いの激しさ、白黒をはっきりさせたがる二極思考、自分のイメージ通りに事が運べないことへのこだわり、途中変更のきかない折り合い能力の欠如、部下を自分の思い通りに動かそうとする強引さ、あいまいな状態に耐える力の欠如など、中間管理職として協調性や適応力に欠けるところが増えてくるからです。

企業社会で苦戦するSTパパたちは、プライドが高いため、家族にも弱音を吐くことができません。逆に家族に対しても高圧的になったり、支配的になることも多いのです。そのために苦戦し始めたわが子とぶつかると激しい家庭内バトルに発展し、家庭崩壊につながりかねません。

また、家庭の経営方針をこうと決めたら、それを押し通そうとするため、思春期で自我に芽生えた子どもと激しくぶつかり合い、子どもの側に立つ妻との離婚も増えることになるのです。

STパパにとって大事なことは、自分と向き合い、自らの輝く能力とともに自分のコミュニケーションの偏りや弱さなどの自己認知を深めることです。自分のなかにあるST気質の存在を認めることができれば自分自身が楽になるだけでなく、家族を楽にすることができます。もともと才能豊かな人たちですから、苦手なコミュニケーションの修正が図られれば、家庭人としても幸せを手に入れることができます。そのためにはST気質の理解が何より必要だと言えるでしょう。

◎STパパとの付き合い方

◆ジャイアン型STパパ◆

自分のやっていることに絶対的な自信を持つジャイアン型STパパは、自分のペースで思うように物事が進んでいるときには機嫌も良く、家族に被害は及びませんが、自分のシュミレーション通りに物事が動かなくなると、一気に攻撃性が強まります。ましてや妻から面と向かって、反論でもされようものなら感情を爆発させ、精神的なDVに発展することも少なくありません。

ジャイアン型STパパが攻撃的になったときには、感情的な対応をせず、アサーシブ的に対応するか、うまく距離を取ることが大切です。


「私は、今ここに居たくありません」

「今、とても悲しい気持ちでここにいます」

「余りいい気分ではないので、寝かせて下さい」

「あとでもう一度、話をしましょう。私は先にお風呂に入ります」

相手の仕かけるゲームに巻き込まれないことです。思春期の子どもが、親に反抗的な八つ当たりをしているぐらいに考えて、大人の対応をして下さい。攻撃的なゲームに参加すると、さらに攻撃性は強まり、オール or ナッシングの気質ゆえに、見境がなくなり、とことんエスカレートすることにもなりかねません。

二、三日は興奮状態が続くこともあるので、何日かして落ち着いたところで、自分がどれほど不快で傷ついたかを伝えることが大切です。ただ自分にとって、否定的な話は聞こうとしない傾向が強いので、「あのときはとても傷ついた」、「一方的にののしられて悲しかった」とかシンプルな言葉にして下さい。一番いいのは手紙にすることです。STパパたちは、視覚優位の人が多いので活字を好みます。それゆえに手紙を読むことは苦痛ではなく、自分のペースで何度も読み返せるので理解が深まります。

ジャイアン型STパパのワンマン的なコミュニケーションが、家族を不安に陥れていることに気づいてもらうためには、気づきを求める粘り強い取り組みが必要です。仕事の面での活躍や頑張りを最大限評価しながら、「ほんの少し共感的なコミュニケーションができるようになれば最高なのにね」と諦めずに伝えて下さい。

◆のび太型STパパ◆

のび太型のSTパパの場合、面倒くさいことや少しでも不安を感じると、自分の世界に逃避しようとします。家族とのコミュニケーションにも積極的に参加しようとはしません。優しさはあるのですが、それをどのように表現していいかわからないのです。ですから、このタイプには、言って欲しいこと、して欲しいことを明確に伝えることが大切です。

「子どもとこんなふうに関わって欲しい」
「自分にこんな言葉をかけて欲しい」
「家族に対する、あいさつを声に出して欲しい」
「結婚記念日のお祝いは、ぜひこんなプレゼントが欲しい」
「『いつもありがとう』を言葉にして欲しい」

などメモにして渡すとより伝わると思います。

のび太型ＳＴパパは、どうしていいか判断がつかないと、つい面倒くさくなって自分の世界に逃げてしまうので、何よりも解りやすさが一番です。

また、褒めることで、家族との関わり方を身につけてもらって下さい。物足りない部分には目をつぶり、少しでもうまくできたときに評価してあげることが大事です。初めてのことについては、チャレンジ力が弱く、それを避けようとします。一度やれると、今度は期待以上のことをやってくれることも多いので、言葉でお願いするだけでなく、やり方を見せてあげることも効果的です。〝してみせて〟〝共にしてみて〟〝させてみる〟を心がけて下さい。

◆スネ夫型ＳＴパパ◆

スネ夫型ＳＴパパは場の空気が読めず、独りよがりな行動を取りがちです。知人の集まりでも一方的に自分の思いだけをしゃべったり、場を独占したり、ときには自分の知識や学歴をひけらかしたりすることも少なくありません。

家族サービスも一方的で、家族のニーズとずれてしまい、空回りしてしまうことがあります。そして、家族の反応が、自分の思うようなものでなかったり、自分が話題の中心でなくなったりすると、すうっと自分の世界に逃げ込んでしまうのです。

自分に感情があるように、相手にも同じように感情があるということへの共感的理解が弱いと言えるでしょう。

ゆえに、行動が善意の押しつけになったり、助けて欲しいときには身をかわしてしまって役に立たないなどと、妻にストレスを与えてしまうことになりがちです。

スネ夫型STパパは、自分では家族のために一生懸命努力しており、妻との関係もうまくいっていると思っているところが、ジャイアン型STパパのシンプルさや、のび太型STパパの優しさに比べると、最も対応の難しいタイプだと言えるでしょう。

このスネ夫型STパパに、自分のコミュニケーションの偏りによって人に不愉快な思いをさせていることに気づいてもらうためには、ジャイアン型以上に粘り強い働きかけが必要です。社会的にはそれなりに活躍していることも多いので、そのことは最大限に評価しながら、自分が感じていることをシンプルに伝え続けることを心がけて下さい。

「興味・関心のないことでも、勝手に席を立たないで下さい。何か嫌なことでも言ったのかなと不安な気持ちになります」

「取り留めのない話でも、話を急かさないで！　取り留めのないおしゃべりこそ、家族交流の大事な手段です」

「人の話をへし折って、自分中心の話題に変えないで！　私たちの話す権利も大事にして下さい」

「人の話だけでなく、少しは人の話にも耳を傾けてくれるととてもありがたい」

などなど。


やはりメモや手紙は効果的です。

なかなか、耳を傾けようとしてくれないときには、「あなたとのコミュニケーションに疲れてしまって、離婚を考えることがある！」という厳しい本音を突き詰めることもあっていいと思いますし、夫婦カウンセリングにも誘ってみて下さい。


STパパと家族生活を継続していくことは、並大抵のことではありませんが、ST気質を持つもう一人の子どもだと考えて、コミュニケーションの偏りをフォローしながら、成長を支援して下さい。もともと素晴らしい才能に恵まれたSTパパが、自分の気質を自己認知し、コミュニケーションの偏りが改善されたら、それこそ〝鬼に金棒〟、社会的にも家庭的にも、有用な存在となり、あなたを幸せにしてくれるでしょう。

ただ、STパパはこのように明確に判別できる場合は少なく、あるときはジャイアン型、あるときはスネ夫型、ときにはのび太型の傾向が強く出るなど、判別ができにくいことの方が多いです。しかし、STパパは基本的に相手や状況に合わせたコミュニケーションが苦手であることは共通していますので、ちょっとコミュニケーションが偏っているなと思ったら、どのタイプに一番近いか考えて、柔軟にコミュニケーションの方法をアドバイスしてあげて下さい。大切なのは、そんなSTパパたちを否定せずに受容してあげることです。そして具体的に紙に書くなどして、方法を伝えると効果的です。どのタイプにも視覚的な手段が有効であることは、これまでの経験から実証済みです。

STパパは増え続けています。STパパとの付き合いについての知恵を交流し合える場をもっと増やしていきましょう。

これまで前半の部では、苦戦する思秋期の母親たち、苦戦する思春期の子どもたち、苦戦するＳＴパパたちの事例を紹介し、背景にあるものを分析してきました。しかし、苦しみの背景が理解できただけでは、苦しみから脱け出し、確かな幸せを手に入れることはできません。

これからの後半の部では、家族が幸せになるための具体的な方法を提案したいと思います。

一つでも、二つでも、実践してもらえたら、子どもも夫も良い方へと必ず家族は変わるはずです。

第4章

楽《らく》妻《さい》楽《らく》母《ぼ》になるための15のスキル

～森薫 カウンセリングルーム～

skill 1

孤育てに陥らないための祖母力の活用

今、肩の力を抜いて子育てを楽しむためには、子育てを支援してくれる人材をどれだけ確保できるかが鍵となります。

かつて、子どもは多くの人々の協力・共同による子育てによって、生きる力を育みました。

原始時代には部族全体で、奈良・平安時代は母親の実家の総力を挙げた支援によって、さらに鎌倉時代以降の武家社会においては、一族・郎党を挙げて子育てにあたりました。明治以降は、家長を中心とした家族・親族の力を合わせて子育てを支援しました。母親のみに子育ての責任が押しつけられることは今までありませんでした。しかし、今、前章で何度も触れているように〝孤育て〟が主流となっています。

母親が一人で子育てができるわけがありません。それは、歴史上にもなかった無謀な取り組みなのです。わが子と言えども子どもは母親とは別人格です。しかし、母親のみとの二者関係しか存在しなければ、子どもたちは、母親に同一化せざるを得なくなります。母親という唯一無二の絶対的権力者に気に入られなければ生きていけません。母親の価値観を全面的に受け入れざるを得ないのです。母親に生殺与奪《せいさいよだつ》の権を握られている以上、それしか生きのびる道はないのです。母親の意に叛《そむ》くことは、生命《いのち》に関わることであり、どんな虐待を受けても、母親以外に頼る存在がないことを子どもたちは本能的に理解します。今ほど、母親が子どもに対して、絶対的な権力を行使している時代はないと言えるでしょう。

その絶対権力者たる母親たちの、子育て能力はどうかというと、かつてに比べるとぐっと低下しているのではないでしょうか。それは、幼い頃からの子育て体験が喪失してしまったところに原因があります。核家族化が広がる以前には、母親たちの多くが一六〜一八歳までに女性としての〝さしすせそ〟を身につけたと言われています。

さ………裁縫
し………しつけ
す………炊事
せ………洗たく

そ……………掃除

兄弟姉妹も多く、近所にも子どもたちがごろごろしていたので、小さな頃から幼い子のおしめを替えたり、おぶってあやしたり、また、家事をこなす体験も豊富だったからです。子育てのリハーサルができていたと言えるでしょう。

また、老人たちや、地域の若い娘たちが入れ替わりで子どもの面倒を見てくれるので、この共育力によって母親たちは四六時中子どもの世話に明け暮れることもなく、子どもと適度な距離が保てていたのではないでしょうか。ゆえに、子どもと一緒にいることが苦痛となり、そのストレスから子どもへの虐待につながるということも少なかったのです。協力・共同の子育てこそが、母親のストレスを最少のものにし、虐待を防ぐ力と言えるでしょう。

良妻賢母型の女性は、子育てを一人で行おうとする傾向があります。そして、後ろ指を差されないように完璧な子育てを目指しがちです。しかし、これがうまくいかないのが当たり前なのに、うまくいかないことを自分の子育て能力のなさに原因を求めようとするのです。すべて一人で抱え込み、自分で解決をしようとするので、ますますストレスをため、子どもを愛せなくなったり、自分を責め続けることでうつになることも少なくありません。

「子育ては、一人ではできない！」と開き直りましょう。「できないのが当たり前！」と言い聞かせましょう。子育て応援団を組織し、いつでも共育力を求められるように心がけましょう。一人の知恵は大したことはありません、人々の知恵と力を借りない手はありません。そして子どもに勝手に育ってもらうぐらいでちょうどいいのです。

そして、一番近くにいて一番頼りになる存在が祖母です。いつの世も子育ての場には少なくとも祖母力が存在したのです。私はこれをババ力と呼んでいます。

ババ力にはグレードがあって、グレードが高ければ高いほど、子育てサポート力は強まり、若い母親が生める子どもの数も増えることになります。

ババ力グレード1………元気でお金があり、すぐに駆けつけてきてくれる
ババ力グレード2………お金はないけど、元気ですぐに駆けつけてきてくれる
ババ力グレード3………お金も元気もないけど、駆けつけてはくれる
ババ力グレード4………お金もないし、元気もない。駆けつけることもできない
ババ力グレード5………看病や介護が必要

グレード1のババ力のサポートがあれば、子どもは三人だって生めるでしょう。さらに、父方と母方とグレード1のババ力がダブルで確保できれば四人だって、五人だって育てることが可能になります。

今では、働く女性のための子育て支援ネットワークも広がり、保育園も定員の枠を増やしたり、認定保育園の規則を緩めたりなど、待機児童の解消を目指す取り組みを強めています。しかし、子育てで一番の力になるのは、やはり自分の母親であり、義母の存在ではないでしょうか。

楽妻楽母を目指すには、自分の母親に「教えて！　助けて！」と上手に甘えられる関係を築くとともに、夫の母親とも、いざというときは頼りにし、甘えられる関係を築いておくことが大事です。

子どもは、いろいろな人々との交流やサポートを受けられる豊富な〝ヒト体験〟によって、生きる力が身につきます。〝ヒト体験〟の量と生きる力は比例すると考えていいと思います。母親たちは近年、受容する役割よりも、要求する役割を強めているようです。その点、祖母は孫のこととなるとぐっと受容的になります。自分の存在を丸ごと受けとめてくれる居心地の良い存在は、普段のストレスを癒してくれるセラピストとして、カウンセラーとして、あるときにはシェルターとして、さらには、安心できるコミュニケーションの相手としても欠かすことができない存在です。

ダブルの祖母力を思う存分活用できれば、こんなに心強いことはありません。そのためには、夫の母親との関係改善を心がけて下さい。そのためのキーワードは、〝教えて下さい〟〝助けて下さい〟です。子育ては、誰でも初めての経験です。しかし義母は先輩であり、体験者です。その人の力を借りない手はありません。

確かに、義母の価値観やコミュニケーションに違和感を感じたり、子どもの接し方に少なからず抵抗を感じたりすることもあるかもしれません。しかし子育ての先輩、人生の先輩として、少し心を開いて応援団になってもらった方が、あなた以上に、子どもにとっては、経済的な問題を含めて大きなプラスになると思います。

〝教えて〟〝助けて〟と母親・義母を頼れば、学資保険もかけてくれるし、習い事の費用も出してくれるでしょう。さらには、家族旅行の費用だけでなく、子どもの留学費用も出してもらえるかもしれません。「子育てに口を出されたくない」と肩ひじを張るのではなく、「みんなの力を貸して下さい」と、肩の力を抜けば、子どもが思春期でつまずくことがあっても、子育ての責任を母親のみが責められることもないのです。

いつでも、祖母力が借りられると思えば、母親は余裕を持って子育てができるので、子どもが思春期に差しかかっても、笑顔を失わないで済むのです。子どもへのメッセージも、決して否定的・攻撃的なものにはならないでしょう。

子どもが思春期の峠をスムーズに乗り越えるためには、祖母力を上手に活用して下さい！

まかせなさいっ！
おかあさんの力が必要なんです！

skill 2

学校神話・学歴信仰からの視点の転換

「起きている事実が問題なのではない。事実をどうとらえるか。そのとらえ方が問題なのだ」と、若い頃に教わったことがあります。そのときには、よく理解できなかったのですが、今では、よく理解できるようになりました。

胃がジクジク痛むという事実に対して、病院に向かうときには、「自分はひょっとしてガンではないか」と不安が募り、「自分は世界一不幸な人間だ」と落ち込んでいたのに、病院で診察を受けて、「単純に食べ過ぎによる胃もたれですよ」と言われて、帰りは「自分は世界一幸せ者だ」と、気持ちが晴れやかになったというような経験をしたことはありませんか。胃が痛いという事実は変わらないものの、その事実に対するとらえ方が、否定的なものから、肯定的なものへと変わったことで、気持ちは驚くほど楽になるのです。そのうちに、胃の痛みという事実も消失してしまうでしょう。

失恋して、これで、私の人生は終わってしまったと、いつまでも悲劇のヒロインを演じ続ける人と、失恋をまた新しい出会いが広がるチャンスだと肯定的にとらえる人では、その後の人生は大きく変わっていくことでしょう。

片時もじっとしていないで動き回る子どものことでよく相談を受けます。気になることがあると一時もじっとしていることができず、激しく動き回ってその対象を手に入れずにはいられない子どもたちに対して、この子どもたちの行動力を、集中力に欠けた落ち着きのなさとして問題視するのか、刺激に対する探究心の強さに起因するものとして受容的にとらえるかでは、子どもの受けるストレスは大きく違ってきます。

また、不登校という事実に対しても、「これで、子どもの未来は閉ざされてしまった」と落ち込んで嘆き悲しむのと、「これで、学校信仰という呪縛から脱け出せて、子どもに合った幅広い進路選択ができるようになる」と前向きにとらえるのでは、その後の子どもの不登校生活に大きな違いが出てきます。

良妻賢母型の母親たちは、自分の意見より社会の要求や周囲の期待に応えることを優先し、他からの評価を気にします。人と違ったり劣ったりすることで、周囲から後ろ指を指されたり、否定的なメッセージを浴びたりすることなど許せるものではありません。ある意味、誰よりも社会に順応し〝ソーシャルペット〟とも呼ぶべき社会の優等生です。それゆえ、わが子にも、学校での優等生を要求し、学校生活の勝利者になれば、人生における勝利者（勝ち組）につながると、疑いもなく信じ込んでいるようです。私は、このような良妻賢母型の母親たちの考え方を、学校神話・学歴信仰と呼んでいます。

今、私のカウンセリングに訪れ、我が子の不登校で苦しんでいる家族で一番多いのが、中高一貫校で苦戦する子どもと、その家族です。これらの子どもたちの多くが小学四年生ぐらいから、塾に通い始め、勉強第一となって、ある意味で最も楽しかるべき子ども時代を奪われています。

中高一貫校受験で陥りがちなのは、子どもの値打ちを学力という単一の物差しで計り、それ以外の子どもの値打ちをおろそかにしやすいということです。そのために、子どもの学力に陰りが出てきたり、学校生活に苦戦したりするようなことになると、その対象喪失不安から、学校と一体化して、子どものキャパシティや心身のストレスを無視して、子どもに過度な頑張りを押しつけてしまうのです。

私は最低でも、中高一貫校で伸び伸びと楽しむためには、

一、子ども自身の学力の余裕
二、子ども自身の心身の余裕
三、母親の心身の余裕
四、家族の経済的な余裕

この四つの余裕が必要だと考えています。子どもの学力が塾の追い込みによって身についた、ただ受験を乗り越えるためだけの薄っぺらなものであったり、ストレスに向き合える心身のたくましさがなかったりすれば、入学早々につぶれてしまうことが多いのです。

「やっとゴールに辿り着いたと思ったら入学式のその日から、次の受験競争が始まった!」と嘆く子どもたちが少なくありません。入学後も、学校と塾のダブルワーキングが継続されることで、ガラス細工のような心身が、もろくも崩れさってしまうのでしょう。

子どもが、学校生活で苦戦したって、例え不登校になってしまったとしても、子どもたちの能力も人格も何ら変わってはいません。ただ、みんなと同じような協調性を要求されつつ、一方で競争しなければならない学校生活が合わないだけなのです。しかし、良妻賢母の母親たちは、苦戦している子どもたちそのものが許せなくなってしまうのです。わが子が敗者・弱者の地位に貶められることが受け入れられず、わが子の全人格を否定するような言動も起きてきます。ここでちょっと視点を変えることができれば、子どもの苦戦が問題なのではなく、母親のプライドが子どもの苦戦を許せないだけということを分かっていただけると思います。

不登校は、苦戦する家族を代表したＳＯＳであることが少なくありません。子どもが不登校という非言語手段を通して、それぞれの家族のすれ違いに、異議申し立てのメッセージを発しているのです。学校生活での子どもの苦戦を、家族全体の問題として受容的に受けとめて、夫婦がコミュニケーションの量を増やしたり、母親がカウンセリングを通して、自分を振り返ってみたりすることで、気づきが深まり家族は大きく成長し始めます。家族にとって、足りなかったもの、気づかないうちに行き過ぎていたもの、今までの洗脳が解けるように新しい視点が見えてくるのです。

私のところに訪れる、不登校で苦戦している家族も、「学校に子どもを合わさせるのではなく、子どもに合わせてくれる学校があったっていいはずだ」ということに気づき、子どもの不登校を全面的に受け入れることができて始めて、やっとそこから解決への道を歩き始めています。

この視点の転換をはかるためには、人に助けを求めること、教えを乞うこと、人に話を聴いてもらうことが欠かせません。人に話を聴いてもらうことによって、自分を振り返り、気持ちを整理し、今までにない気づきが生まれるのです。そのためには、普段から気兼ねなくおしゃべりできる人、話を聴いてくれる人を確保しておく必要があります。

一人の知恵より、みんなの知恵。
おしゃべりこそみんなの玉手箱。

skill 3

子どもの夢の応援団になる

一流のアスリートや芸術家たちの話を聞いていると、共通することがあります。それは幼い頃から描き続けてきた夢を実現させていることです。

小学校の卒業文集には、その夢が克明に描かれています。「甲子園で活躍し、メジャーリーガーになる」、「プロサッカー選手として、世界一を目指す」、「映画監督になって人を笑顔にする」、「シンガーソングライターとして活躍する」、「ダンサーとしてニューヨークの舞台に立つ」などなど。そして、その夢を実現させているのを見ると、心から拍手を送りたくなります。

そして、彼らは、こうも語っているのです。

「自分が幸せだったのは、親が自分の夢を否定せず、応援してくれたことだ。そのおかげで今がある」

一方、苦戦している若者たちの話を聞くと、「もっと、現実を見据えなさい」、「まずは、目の前の勉強に集中しなさい」、「今どき、大学も出ていないでどうやって生きていくつもり」、「夢みたいなことを言っているのなら支援を取りやめる」などと非現実的なものとして、自分の夢を否定されたというのです。

三十代の半ばに差しかかる青年は、代々、裁判官の家系に生まれました。祖母も父も裁判官、叔父も弁護士など、一族のほとんどが法曹関係の仕事についています。彼は小さい頃から絵を画くのが好きで、自分でも絵の道に進みたいという夢を持っていました。しかし、その夢は、一族のみんなから反対されやむなく断念。一族の指示に従って、法律の道に進みました。

しかし、彼の心のなかには、ずっと強いわだかまりが残りました。自分の理解者であると思っていた母親までが、反対に回ったからです。それ以降、彼は家族に対し心を閉ざし、苦手とする法律の勉強を続けるなかで、心を病んでいったのです。一族の集まりに出ても、参加者からは冷たい視線が浴びせられましたが、幼い子どもたちは逆に、彼の周りに集まるのです。それは、彼が子どもたち一人ひとりに似顔絵を描いてくれ、スケッチなども優しく教えてくれるからです。子どもたちにとって、彼はヒーローであり、誰よりも大好きなおじさんだったのです。
ここにきて、両親をはじめ一族の人々は彼の夢を奪い、法律家の道を押しつけたことが誤りだったと後悔しています。「あのとき、あいつの夢をもっと応援してあげていれば、あいつを苦しめずに済んだかもしれない」

この例を見るまでもなく、親の価値観を押しつけられて夢をつぶされた若者たちは数知れません。そして、子どもの夢をつぶしてしまうのは良妻賢母型の母親に多いのです。

良妻賢母型の母親たちは、学歴信仰・学校信仰により強く支配されています。この学歴社会のホワイトカラー絶対主義社会において、わが子を勝利者にする使命を強く感じているのです。そのために、わが子の夢がリスキーな夢である場合は、よりリスクのない安心・安全で確実な進路へと変更させようと必死にならざるを得ないのでしょう。

これは母親たちの責任というより、わが国の経済成長以降の教育に責任があると言えます。

資本主義社会は、大量生産・大量消費を追求する社会であり、要求された仕事を時間内にミスなくこなす適応力や、仲間と協力できる協調性を持つ人材が多ければ多いほど、生産性が上がります。それゆえに人と違う良質な感性や豊かな想像力の持ち主などは、逆に敬遠される風潮になってしまったのです。

教育の現場では、無条件で校則を守ること、時間を守ること、提出物を期限までに出すことなどが最も重要なこととして訓練され、何より、規律を守り、指示されたことに従順に従う人材が育成されていきました。みんなと同じ年令で、同じ学校に通い、全国同じ内容の勉強をし、仲良くし合わなければなりません。横並びが要求され、同質性が重要視されます。何よりも学校に合わせる能力が求められるのです。

経済が右肩上がりの時代は、勤勉でこつこつ努力し、人より遅れないように生きていれば、何とか生活は保障されました。しかし、これからの時代はグローバル化が進み、均一的な人間ではなく、人と違った能力が求められる時代がやってきました。人と違うことが評価され、その比較異がビジネスの種を生み、新たな価値を生み出すのです。

良妻賢母型の母親たちは、子どもの〝ある〟ところを見るのでなく、〝ない〟ところが眼について、その領域を人並み以上にすることを要求します。これでは、〝ある〟ものを伸ばせず、子どもの能力や未来への可能性をつぶしてしまいます。子どものあるがままを受容し、その子に合った能力を伸ばすことが、本当にその子が幸せを見つける道ではないでしょうか？

特に、ＳＴ気質の子どもたちは、能力のアンバランスさに特徴があり、得意分野と不得意分野がはっきりしています。人より五感力に優れ、ひらめきやユニークな発想によって、人のできないことや少しでも人と違ったことを追求しようとします。人と同じでは嫌なのです。

人間関係が不得意であるにも関わらず、友達と仲良くすること、友達の輪のなかに入ること、たくさんの友達をつくることを要求し過ぎると、子どもは母親の期待に応えるべく、必死にバランスの取れた協調性のある子どもを演じようとします。しかし、そうしているうちにいつの間にか、自分が何をしたいのかどんな仕事に就きたいのか、わからなくなってしまいます。例え、やりたいことを見つけたとしても、親の価値観を優先させてその夢をつぶしてしまえば、その子どもは一生後悔して過ごさなくてはならないのです。

今、ニート・引きこもりと呼ばれる人々の母親たちは、良妻賢母型が圧倒的です。

企業社会が求める、学力と協調性のある子どもを育てるべく、その要求に最も献身的に応えてきた母親たちの姿が哀れでたまりません。

母親たちには、わが子を何が何でも企業社会の勝利者にするというゴールから逆算して子どもを育てるのでなく、今、子どもをあるがまま受けとめて、応援を開始して欲しいのです。ＳＴ気質の若者たちの未来が輝くには、思春期の時期までに、応援団に出会えることが不可欠です。社会の価値観に縛られることなく、〝不安〟ではなく、子どもの最大の〝ファン〟となり、夢を応援して欲しいと願わずにはいられません。

skill 4

しずかちゃんに学ぶ

コミュニケーションのタイプは、大きく三つに分けられます。

一つは、アニメの『ドラえもん』に出てくるジャイアンのような攻撃的なコミュニケーションです。ジャイアン型のコミュニケーションは、支配的・干渉型・要求的な要素も含んでいます。力関係を背景に、一方的に相手を従属させようとしたり、相手の領域に強引に踏み込んで、触れて欲しくないことに触れて、相手を傷つけたり、不愉快にさせることもあります。

その対極にあるのが、のび太型の逃避的なコミュニケーションです。自分の内なる感情を言葉にすることが苦手で、内なる感情と外に出てくる言葉や行動がくい違ってしまう、自己不一致型のコミュニケーションと呼ぶこともできます。

「嫌だ！」という感情をうまく表現できません。相手の指示・要求に対して共感することができないにも関わらず、つい笑顔で応じてみたり、行動を共にしてみたりしがちです。「目の前の人間関係を壊したくない」、「相手を不快にさせて嫌な思いをしたくない」という逃避的な思いが、自分の内なる感情を押さえ込んでしまう習慣を育ててしまうのです。

表面的には誰ともうまくやっているように見えますが、実際は、ストレスの塊ということが少なくありません。「NO!」が言えなかったり、怒りや悲しみという否定感情を飲み込んでしまったりすることが繰り返されると、心身を病んでしまうのです。蓄積されたストレスがある日突然、爆発し、周囲の人を驚かせることもあれば、うつを引き起こすこともあります。うつは、自分を責めたり、自分に罰を与えるべきだという心の働きが生み出すと言われていますが、のび太型のコミュニケーションの持ち主は、人を責めるより、「NO!」と言えない自分を責める傾向が強く、うつになりやすいと言えるでしょう。

三つ目はしずかちゃんのように、自分の感情をあるがままに自己表現する、しずかちゃん型のコミュニケーションです。

しずかちゃんのコミュニケーションは、今ここで感じている、あるがままの感情をあるがままの大きさで、さらりと表現できるのが特徴です。

もし、ジャイアンにゲーム大会に誘われても、ママとの約束があれば、「ジャイアン誘ってくれて嬉しいけど、今日はママとの約束があるの。また、誘ってね！」ときちんとNOが言えるのです。誰に対しても無理をせず、媚びることなく、自分の内なる感情を手のひらに載せるがごとく、さらりと表現することができます。自己一致型のしずかちゃんタイプは人間関係において、ストレスをためることが少ないと言えるでしょう。

ジャイアンに誘う権利があるのと同じように、しずかちゃんに断る権利があることを大事にしているのです。You are OKであり、I am OKと言えるでしょう。だからこそジャイアンが気を悪くすることもありません。

一方、のび太君はジャイアンの誘いを「嫌だ！」と感じながらも、受け入れてしまうのです。そこには、断ったら、「ジャイアンに何を言われるかわからない」、「仲間はずれにされるかわからない」という、ジャイアンに対する否定的な感情がベースに横たわっています。

それゆえに、ゲーム大会に参加しても、嫌な気分で過ごすことになり、その気分はジャイアンにも伝わって不愉快な気分で家に帰ることにもなるのです。解決すべき問題をモラトリアムすることは、さらに問題をこじらせることになりかねません。

良妻賢母型の母親がいる家庭では、外からの評価を気にするあまり、つい演じ合う家庭になりがちです。優しく、ものわかりの良い母。従順で素直な子どもたち。学歴も高く、収入の多い父親。家族一人ひとりの、内なる感情と外に向けて表現される言動が一致していれば、家族病理に見舞われることはありませんが、自分の内なる感情よりも、外部からの評価を優先するあまり、内なる感情の表現を抑え込んでしまうと、うつをはじめとするさまざまな家族病理が忍びよることになるのです。


読者の皆さんには、自分が三つのコミュニケーションのうち、どれに近いのか振り返ってみて欲しいと思います。ジャイアン型であれば、子どもを過度に支配し、子どもの心を傷つけたり、自尊感情を低下させてしまいがちですし、のび太型であれば、思秋期に自分自身が病んでしまいかねません。

そうならないためには、しずかちゃん型のコミュニケーションを実践することです。しずかちゃん型コミュニケーションは、アサーシブないしは、アサーションと呼ばれ、一九九〇年代以降、家族を幸せにするコミュニケーションとして、広がりを見せています。

今、ここにある感情をフォーカスして、あるがままの大きさで、その感情を言葉にすることから、始めてみましょう。

〝今、私は疲れがたまってきているので早めに寝ます〟
〝今、私は、あなたの言葉に傷ついている〟
〝今、私は、そのことを認める気になれない〟
〝今、私は、あなたの話を聞く余裕がない〟

相手を批判したり、責めたりすることなく、自分の感じていることだけを言葉にすることを心がけて下さい。ずいぶんと家族関係・人間関係が楽になりますよ。

skill 5

母子分離宣言

今、男の子の育ちそびれが話題になっています。思春期になっても、自己選択・自己決定能力が身につかず、自分が何をしたいのか、どう行動すればいいのかわからずに、母親への依存から逃げ出すことができないのです。

それは、自分で決めて、自分で行動し、その行動を通して、生きる力を育むというプロセスを、幼い頃から母親の過保護・過干渉によって、奪われてきてしまったからではないでしょうか。

過保護とは、子どもの手足となって、子どもがすべきことを母親が代行することであり、過干渉とは、子どもが決定すべきことを母親が代行してしまうことです。頭と手足を奪われてしまっては、ただ生きているだけの存在で、人間としての成長はありません。身体だけは大きくなっても、中身は空っぽで、実年齢は表向きの年齢から、三割ないしは四割差し引いて、考えなければならないでしょう。

人は体験を通して生きる力を身につけていきます。一つ一つの体験を通して、できることを増やし、自分に対する自己肯定感を育てていくのです。「米がとげる」、「包丁が使える」、「洗濯物がたためる」、「掃除ができる」、「生き物の世話ができる」など、人に必要とされ、人の役に立つことで、自分に対する自尊感情が高まります。これが、思春期のストレスに打ち克つ力となるのです。

ところが、母子カプセルという居心地の良い空間に囲い込まれてしまうと、自分の生命を守るという基本的な力さえ失われてしまいかねないのです。自分の意志を発信することも、双方間のコミュニケーションを戦わせることも必要ありません。一方的に母親が子どもの感情や要求を忖度《そんたく》し、すべきことを代行し、そして責任まで負ってくれるのです。子どもが受けるべき雨風も暑い日差しも、母親が盾となって遮ってくれるのですから、子どもが鍛えられるわけがありません。

新しいことに出会うたびに逃げ出したくなったり、思うようにいかないことがあったら苛立ちを強め、放り出してしまうことになります。幼い頃の失敗体験がないと、思春期になって失敗することを恐れ、自動ブレーキをかけ、せっかくの体験の場を奪われてしまうことになるのです。これでは、自分に自信が持てず、社会に出ることに不安を感じてしまうのは当然のことだと言えるでしょう。そして一度失敗して傷つくと、二度とチャレンジしようとはせず、社会と距離を取ってしまい、引きこもることにもつながるのです。

良妻賢母型の母親たちは、優秀で一生懸命です。わが子を人生の勝利者にすべく全力を注いでいます。しかし、どこかで気がつかないと、子どもに対する世話焼きが行き過ぎて、子どもの力を奪うことになってしまうのです。

子どもの数が多い時代には、一人の子どもにかかり切りになるわけにはいきません。幼いうちから、自分でできることはやらせないと、母親の手はいくつあってもたりません。そして、年長の子どもたちが順番に年下の子どもたちの面倒を見ることによって、自立心を高めたのです。

そのことによって、母親と子どもの間には三歳前後の肉体的自立以降、適度な距離が保たれ、母子カプセルに子どもを閉じ込めてしまうことはありませんでした。

母親の過ぎたる代行を牽制《けんせい》するのが父親の役目ですが、今、わが国の父性は性別分業論の影響もあって存在が希薄です。そのために、母子依存を断ち切る役割が果たせないのです。この役割が弱いと、母子カプセルは思春期以降も継続され、母親の存在なしには生きることができない若者たちを大量生産することになるのです。
子どもが〝つ離れ〟したら、子どもに対して、母子分離宣言をして下さい。

『母子分離宣言』

「これからは、あなたを大人になり始めた一人の人間として、信頼し、あなたが自ら選択し決定することを尊重するように努力します。その代わり、あなたに対して身の周りのことを含め自分でできることは自分で取り組むように愛情を持って要求します」

少し大きな文字で、〝母子分離宣言〟を家のみんなが見えるところに張っておくと、つい、過ぎた代行をしようとするときの戒めになると思います。過剰に支援をしないことが最大の愛情なのだと腹をくくって下さい。

skill 6

ドラえもんを見つける

良妻賢母型の母親たちは、常に他からの評価を気にして生きています。母親として疑問符をつけられるということは、死ぬほど恥ずかしいことであり、プライドが許さないのです。

性別分業論によって、家事・育児は母親の仕事とされ、さらに学歴社会の到来によって、勉強のできる子どもに育て上げることが最大の仕事となりました。〝子どもの通信簿〟は〝母親の通信簿〟〝子どもの学力〟は〝母親の学力〟と見なされ、母親として評価されるためには、できの良い子どもを育てるしかなくなったのです。

母親と子どもは、生まれたときから、その競争社会に放りこまれ、一時も気を緩めることができません。この学力競争という過酷なレースは、同年代の子どもを持つ母親たち同士をライバル化させます。子どもが幼いうちは、ママ友の存在が孤育てを防ぐ大きな存在になりますが、幼稚園受験、小学校受験、中学校受験とお受験の度ごとに、本音で語り合えるママ友が減っていかざるを得なくなるのです。

ましてや、子どもが学力的に苦戦していたり、いじめに合って精神的に悩み始めているなどということは、ママ友にも相談しにくくなります。

こんなときには、話を聴いてもらえるプチカウンセラーを普段から見つけておくと、心理的に追い詰められなくて済みます。プチカウンセラーには同年代より年上の人がおすすめです。趣味のサークルの仲間、かつての同僚、職場の先輩、親戚のいとこや叔母、子どもがお世話になった保育園、幼稚園の先生、大学時代の先輩などのなかで、利害関係がなく共感力があって、聴き上手な人がいいですね。あれこれ、アドバイスはなくても、ただ、その苦しみに耳を傾けてもらえるだけでもずっと心は軽くなります。

ママ友も大切にして欲しいと思いますが、いざというときの〝ドラえもん〟としてプチカウンセラーを準備しておくと、「どんなことが起きても大丈夫！」と楽な気持ちでいられるのではないでしょうか。私が養成に関わっている〝家族支援カウンセラー〟もそんな役割を目指しています。

15分間だけ、聴いてもらうぐらいが
相手にも、負担にならずいいですよ
うんうん

もちろん、行政や民間のカウンセリング機関を知っておくことも、いざというときには、役に立ちます。

skill 7

思秋期の自分探し

子どもが不登校になったとき、その解決に向かうための方法として、一番効果があるのが、母親が仕事を始めることです。母親が仕事を見つけ家を空けてくれると、子どもは昼間親に気兼ねすることなく家で自由に過ごせるようになります。自分の部屋に引きこもる必要はないからです。

一方、母親にとっても、仕事に出ることによって子どもと距離を取ることができます。学校に行かず、だらしない姿で家にいるわが子を眼にしないで済み、イライラを募らせないで済むのです。そして、仕事中は、一時的にせよ、わが子のことを忘れることができ、その上で仕事上で評価されたりすることがあれば母親の心理状態はぐっと好転します。

不登校のお子さんに関わらず、子どもが思春期の時期に、母と子が同じ空間で過ごし過ぎることは、余計な部分にまで眼が届き、それぞれにとって最大のストレス源となりますので、お互いが距離を取るのが一番なのです。

子どもが幼くて手がかかる間は、思い通りの時間は取れないかも知れませんが、子どもが小学校に通うようになったら、少しずつ自分の得意分野に力を注ぐことをおすすめします。

逆に、母親が仕事まで辞めて、四六時中家にいて、笑顔を失いため息ばかりつかれたら、子どももたまったものではありません。

子どもが一番聞きたくない言葉に「私はあなたのために生きてきた!」、「すべては、あなたのためを思って……」という言葉があります。確かに、〝つ離れ〟する前までは、子どもたちは母親の笑顔のために必死で、〝幻の子ども像〟を演じながら生きています。しかし、〝幻の子ども像〟を必死で演じてきたがために、疲れ果て、学校生活が上手くいかなくなった途端に、「私の笑顔を奪ったのはあなたよ!　私の人生を返して!」と責めたてられては、たまったものではありません。「あなたは、あなたの人生を歩んで下さい！」と叫びたくなるのが当然です。子育てに生命をかけてきた良妻賢母型の母親ほど、子どもがつまずいたときの喪失感は大きいなものになります。その喪失感から抜け出すには、子育てに替わる自分探しをするしかありません。幼い頃からやりたかったこと、女だからとかリスクが大きいからとかの理由で封印したり、結婚・出産・育児によって中断されたことなどに、再チャレンジして欲しいのです。全く、新しい分野に挑戦するのもいいでしょう。

そして、できればお母さんたちには、エキスパートになってもらいたいというのが、私の願いです。母親は男性に比べて、感性が豊かであり、物づくり能力や芸術的な才能にも恵まれています。しかし、それらの感性や才能が、結婚・子育てのなかで封印され、開花されないままになってしまっているのではないでしょうか。

私の妻の仲間たちは、ほとんどが六〇代ですが、皆、趣味の世界で生き生きとしています。

この年代の女性たちは思秋期の時代を迎えた頃から、自分自身の時間を創り出し、必要なお金も注ぎ込んで、それぞれのエキスパートになっている人も少なくありません。絵手紙、ちぎり絵、押し花、書道、俳句、洋裁、草花の栽培、お菓子づくり、気功、ヨガ、麻雀、くしづくり、写真などなど、シニア世代の男性にとっても、妻が生き生きと元気でいてくれることほど、幸せなことはありません。

子どもの塾通いのために働くのではなく、もっと自分のためにお金を使いましょう。子どもの教育費については、大学に行きたければ自分で稼ぎながら行きなさいと突き放すぐらいでちょうどいいのです。

母親が思秋期で自分探しを始め自分の人生を生き始めたとき、子どもは安心して自分探しを始めることができるのです。もう親のために無理をすることもない、自分が本当にやりたいことを、自分のペースで自分のために探せば良い。母親の自立した姿に、背中を押されるように、自立した生き方を歩み始めます。子どもたちにとって母親の存在が重たくなくなるのです。

子どもが思春期の自分探しを成功させるために

は、それに先行して、思秋期の母親たちの自分探しが必要なのです。どうか、子どもたちのモデルとなって下さい。思秋期のお母さんたちには、大いに自分探しを楽しんで欲しいと願っています。

skill 8 自分にごほうびを

家事・育児・親の介護・ＰＴＡ活動・地域の防災活動など、何に対しても手抜きのできない良妻賢母型の母親たちは、承認欲求が満たされることはありません。家族からも「よく頑張っている」と、褒めてもらうことがないのです。そのために〝もらえない症候群〟に陥ってしまいます。そして、それが続くと病理に見舞われることも少なくありません。

そうならないために、周囲からＹｏｕ ａｒｅ ＯＫと承認が得られるといいのですが、もし周囲から承認が得られないときには、自分で自分にＯＫを出してあげると、心が軽くなります。

まず、自分のいいところ、頑張っているところ、褒めてあげたいところを紙に書き出してみましょう。そして、それをきれいに清書したら、自分だけでなく、家族の見えるところに貼り出してみて下さい。一番いいのは、一日に何度も開け閉めする冷蔵庫のドアですね。毎日、それを声に出して読み、最後にＩ am ＯＫと言ってあげるのです。

〝子どもに気持ちよく、朝のあいさつをしている――Ｉ am ＯＫ〟
〝夫のために料理の味つけを工夫している――Ｉ am ＯＫ
〝夫の義母に週一回は電話をしている――Ｉ am ＯＫ〟
〝欠かさず家計簿と日記をつけている――Ｉ am ＯＫ〟
〝子どもの話に一五分間耳を傾けている――Ｉ am ＯＫ〟

ＯＫと耳にすることで脳内物質のドーパミンが分泌し、幸せな気分になれるのです。

そして、今度は家族のいいところ、頑張っているところ、褒めてあげたいところを書き出してみることにしましょう。そうすると家族に対するまなざしが柔らかくなります。相手のいいところを探そうとするときには、自然に身体から力が抜け、リラックスした状態になり、発する言葉も肯定的なものになるのです。こちらのまなざしが柔らかなものになると、当然、相手のまなざしも柔らかなものになります。家庭から、ピリピリしたムードは消えていくことでしょう。

家族のいいところを探そうとすると、今まで、否定的にとらえていた領域のすぐそばに、肯定的な能力がひそんでいることに気がつくことができます。

優柔不断→慎重で優しい
せっかち→決断が早い
整理・整頓ができない→細かいことを気にしない、おおらか
おしゃべり→話題が豊富、話の回転が早い
時間にルーズ→マイペース
空気が読めない→裏表がなく正直

そして、それを言葉にしてあげればいいのです。〝You are OK〟と添えて。

相手に要求する家族から、認め合う家族へ。ちょっと工夫するだけで、家庭はみんなの安心できる居場所になります。

まず、お母さんが自分を大いに褒めてあげましょう。そして、褒めるだけでなく、

具体的にごほうびを自分にあげることも忘れないで下さい。

・週に一回、一人でカフェを楽しむ
・一か月に一回、エステに出かける
・半年に一回、ママ友と日帰りバスツアーに出かける
・年に一度、ブランド物を買う
・来年は思い切って、台所をリフォームして使いやすくしよう

そうです。頑張っているあなたに、もっと、ごほうびを！ そして生き生きと輝いて下さい。

skill 9

妻に贈る宣言

良妻賢母型の母親たちは何事に対してもとても頑張り屋さんです。そして、自分のことより、家族の幸せを何より優先します。夫の両親・家族にも細やかな気配りを忘れません。

本音では、夫と夫の両親との関係に抵抗感があっても、それを強く主張することはせず、にこやかにいい嫁を演じようとします。ある意味、内なる感情と表現される言動は乖離《かいり》があり、自己不一致型ということができます。

一人っ子の夫も増え、母親のいいなりというマザコン夫や、妻より母親を優先する傾向のある母子依存型の夫たちも増大しています。

妻が良き妻、良き母を演じれば演じるほど、夫は母親との関係を優先し、妻をないがしろにしたり、傷つけるような言動をすることも少なくありません。子どもが思春期に差しかかると、その対応のために夫婦のコミュニケーションが重要になりますが、夫が義母と一緒になって妻を責めるということも往々にしてよくあることです。

母親の子育て能力に問題がある
母親のしつけが甘かったから子どもが不登校になった
母親自身が大人になり切れていない
先祖への供養が足りないから子どもが苦しんでいる
母親の学歴が低いから子どもの学力が伸びない
などなど

妻・母親の役割を精いっぱいに演じてきた、良妻賢母型の母親にとって耐えがたい屈辱であり、怒りと悲しみから、精神を病むことも少なくありません。

どんなに辛いことが続こうとも、自分の事を理解し、精神的に支えてくれる人がいてくれれば、危機を乗り越えることができますが、一番頼りにしたい夫が義母と一緒になり、自分を批判するのではたまったものではありません。

思秋期の母親たちが病むのは、この夫たちとのすれ違いによることが多いのです。

悲しみはすれ違いによって生じます。自分の努力を一番わかって欲しい人にわかってもらえないという悲しみは、生きる力を奪い、自らの存在を透明化していきます。母親が生きる力を喪失し、笑顔が消えた家庭は崩壊します。

そうならないようにするためには、夫に、妻である自分を守るために、夫の母親に対して愛妻宣言をしてもらいましょう。これで、多くの夫婦が危機を脱しています。

その原案を示します。

『愛妻宣言』

親愛なる母上様、これまで永きに渡って私のために、粉骨砕身、愛情を注いできて下さったことに心より感謝しております。私たち親子は血脈であり、どんなに離れて暮そうとしても、その縁が断ち切られることはありません。一時的に行き違いがあったとしてもその修復は難しいことではないでしょう。しかし、妻はもともと他人であり、一度すれ違いが生じると、離婚の止むなきに至ります。今、妻は心身ともに、私の支えを必要としています。私は、当面の間、妻に寄り添い、妻を守ることを第一優先することを宣言致します。私の親不孝をお許し下さい。

自分の内なる思いと、外に向けて発信する言葉を一致させることを大事にしましょう。夫に対して、言葉で伝えることが難しければ、手紙という方法をおすすめします。思秋期のラブレターも悪くないですよ。ＳＴパパにはこれが効果的です。

skill 10 魔法の言葉

良妻賢母型の母親たちは、子どもを褒めることが上手ではありません。課題を指摘し、指示・要求することはできても、子どもに自信を持たせ、モチベーションを高めさせるような声かけが苦手なようです。

取り組みのプロセスよりも結果を重視するため、子どもも失敗を恐れるようになります。テストの結果が悪ければ、それを隠してしまったり、なかったことにしたり、ときにはカンニングに走ることも起こるのです。

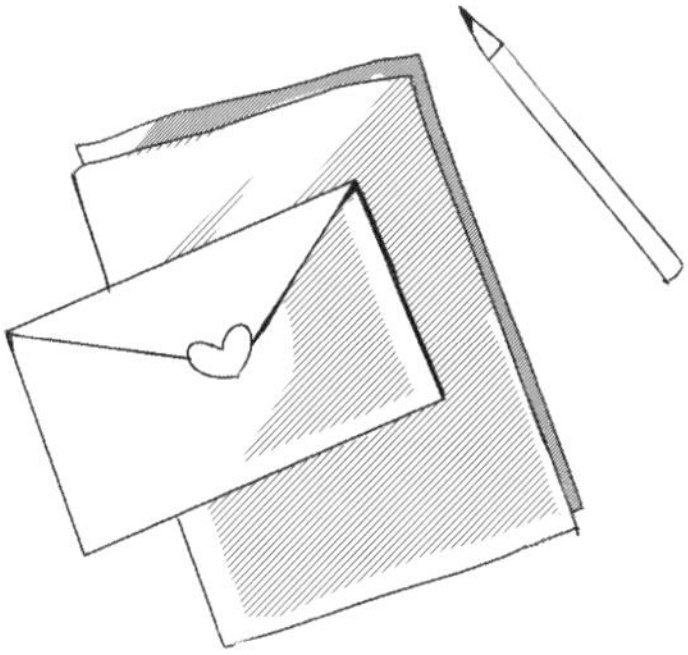

家庭のなかからも、伸びやかな空気が消えていきます。母親が肯定的な言葉をたくさん使えば、家庭には穏やかで、前向きな雰囲気が漂います。しかし、母親のコミュニケーションが要求的・否定的なものが多いと、家庭は、明るさを失い、常に緊張感が漂うことになるのです。

家庭の役割とは、安心感・達成感・承認要求の三つが満たされることです。この三つが満たされる家庭では、一日の活動で空っぽになった心身のエネルギーが一晩で回復できるのです。思春期の子どもの学校生活でのストレスが大きいものであっても、家庭におけるエネルギーチャージによって、乗り越えていけるのではないでしょうか。

しかし、安心感・達成感・承認欲求を満たす力が弱くなっていくと、エネルギーのチャージ率が下がっていって、子どもは学校に通うことができなくなってしまいます。また、夫も、仕事上のストレスから、うつにつながり、仕事を辞めざるを得なくなることもあるでしょう。

この安心感・達成感・承認欲求を満たす力を出すのが、魔法の言葉〝あしたあおうよ〟なのです。

あ……愛してる
し……幸せ
た……楽しい
あ……ありがとう
お……おかげさま
う……嬉しい
よ……よかった

この魔法の言葉を繰り返し使って下さい。

特に〝ありがとう〟はすべての人を幸せに導く言葉です。「ありがとう！」と言われた人も幸せな気分になりますが、「ありがとう！」と声に出した人も、「ありがとう！」を自分の耳が聞くことで、幸せホルモンであるドーパミンがドバッと湧き出すのです。だから、「ありがとう」とたくさん言える人が一番幸せになれます。それに、「ありがとう！」と口にするときには、苦虫をつぶしたような顔ではなく、つい表情もやわらいで笑顔になっているはずです。

母親が笑顔になったら、家族も安心して笑顔になれます。それだけで、家族の心が癒されるのです、お母さんの笑顔は家族の栄養素、家族のエネルギー源なのです。

〝あしたあおうよ！〟を紙に書いて、これもまた、冷蔵庫のドアに貼り出して下さい。

skill 11 生まれてくれてありがとう

これまで、思春期で苦戦する子どもたちをたくさん見てきました。そして、その苦戦する子どもたちに共通するのが自尊心の低さでした。

「どうせ……」

「生きている意味がない」

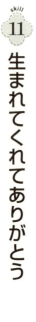

「何一つ自信が持てるものがない」
「何をやってもうまくいかない」
「生まれてこなければ良かった」
などなど、聞いていて辛くなるばかりです。

子どもは生まれながらに、こんなふうに自己否定感が強かったわけではありません。この世に生まれて来るときには、右の拳のなかには勇気を、左の拳のなかには元気を、固く握りしめて万能感でいっぱいだったのです。

それが、いつも笑顔であること、人と仲良くすること、時間を守りきちんとあいさつすること勉強ができることなど、期待と要求がない交ぜになって、いつの間にか褒められることが少なくなっていきます。そして、叱られること、否定されることが多くなってくると自分の存在証明が揺らいでくるのです。

第一子である長男・長女は特に大変です。弟妹が生まれると、〝お兄ちゃんだから〟〝お姉ちゃん〟だからと、兄として姉としての振る舞いを要求され、一生懸命、その要求に応えても、お兄ちゃん、お姉ちゃんだから、当たり前と見なされて、承認欲求が満たされなくなるのです。

弟妹に手がかかるため、自分は手のかからないいい子でいなければと、自分に言い聞かせ、手のかからないいい子を演じていると、「この子は手がかからないから……」とスルーされることにもなりかねません。

ゆえに、母親に認めてもらうために、さらに自分にムチを打ち頑張り続けるのです。常にあるがままの自分でいられず、親の期待以上のいい子を演じようとして、思春期の峠で頑張りきれなくなり、つぶれることも多くなるのです。

そして、親の期待を裏切ってしまった自分を責め、精神的病理の世界へと陥ることも少なくありません。長男・長女は真面目で、つぶれやすいと言えるでしょう。

私が作詞・作曲した歌を紹介します。

（ユーチューブで聴くことができますので、『私にください』で検索してみて下さい）

『私にください』

お母さん聞いていいですか

お母さん聞いてもいいですか
私は生きてていいの
この家にいてもいいの
あなたに愛されるため　精いっぱいに生きてきました
でも　もう　これ以上頑張れないのです

お母さん信じていいですか
お母さん信じてもいいですか
私は愛されていますか
あなたの視野のなかにいますか
あなたに褒められるため　いい子を演じてきました
でも　もう　身体が動かないのです

お母さん甘えていいですか
お母さん甘えてもいいですか
髪をなでて下さい

身体を抱きしめて下さい
私を生んだことを　悔やんでいませんか
それを思うと　辛くて　死にたくなるのです

お母さんお願いしていいですか
お母さんお願いしてもいいですか
私に下さい　あなたの一言
私が欲しいのは　あなたの一言

おまえを生んでよかった
おまえを生んでよかった
生まれてくれて　ありがとう

どうか、子どもに対して〝生まれてくれてありがとう〟を伝えてあげて下さい。できれば、いつでも存在証明を確認できるようにするために、名刺大のカードに、〝生まれてくれてありがとう〟と書き入れて、お守り替わりに持たせてあげたら最高です。

skill 12

インナーチャイルドの解消

良妻賢母型の母親たちには、幼い頃からの頑張り屋さんが多く、自分がしたいことより周囲が望むことを優先してきた人が圧倒的です。自分の幸せより家族の幸せを優先し、自分のしたいこと、やりたいことを二の次にしてきたと言えるでしょう。

こういう母親たちは、人に甘えたり助けを求めることが苦手です。幼い頃より「〇〇してはいけない！」、「〇〇しなければならない！」とたくさんの禁止命令を受けたために、大人になっても禁止命令から解放されていないのです。

そして、要求はされても褒めてもらったことが少ないために、自分の母親に対して、今でも、アンビバレンスな感情を抱き続けていることが少なくありません。それゆえに、自分の子どもに対しても、自分の母親との関係が投影され、うまく甘えさせることができません。自分が受けてきたような禁止命令を乱発して子どもを支配し、自分の思うようなレールに乗せようとしてしまうのです。ある意味、子どもの私物化であり、子どもの人生の略奪だと言えるでしょう。

親に対し、自分の意志を表明できないまま大人になった母親たちは、子どもの意志表明を受け入れることができません。外見は大人になっても、内面は大人になりきれず、子どものままなのです。いくつになっても自分の母親の評価におびえ、母親の一言で喜んだり、傷ついたりします。思春期の峠で、精神的な自立がはかられていないということが言えるでしょう

母親に褒められなかったという心残りは、母親の代わりに、社会に評価を求め、承認欲求を得ようとします。そして熱心な学校信仰・学歴信仰論者として、子どもを勝利者にすべく追い詰めていくことにもなるのです。

子どもが自立したあとは、何をしたいのか何をしていいのかわからない空の巣症候群に陥りやすいのも、インナーチャイルド型の母親の特徴です。

自分のなかに母親に言えなかったこと、してもらいたかったことなどの思い残しがあるならば、できるだけ早いうちに母親に伝えることが大事です。幼い頃は、怖くて言えなかったことも、今なら言えるでしょう。抱きしめて欲しかったという心残りがあるのなら、そう言って、抱きしめてもらえばいい、髪をなでて欲しいという気持ち

をしまい込んできたのなら、優しく髪をなでてもらえばいい。そうして、子どもの頃の切なさ、悲しさを解消して下さい。

人は頭の先から足の爪先まで、愛されたという実感がなければ、人を愛せるようにはなりません。自分が十分に甘えた体験があればこそ、わが子をあるがままに受容することができるのですが、子どもの頃の思い残しが多ければ多いほど、子どもに対して要求する母親、肩に力の入った母親になってしまうのです。

インナーチャイルドの解消法

一、母親を旅行に誘い出して、リラックスしたところで直接話す

二、手紙を書く

三、母親が亡くなっている場合

　A　カウンセラーに聴いてもらう

　B　椅子の上に人形を置きその人形を母親と思い、心の内を吐き出す

　C　自分史を書いて、自分の頑張りにOKを

出し、気持ちに整理をつける

どんな形であれ、外に向け吐き出すことで気持ちが軽くなり、今までとは違う肩の力の抜けた自分に出会うことができるでしょう。

skill 13 一五分間の聴く力

聞くと聴くでは大きな違いがあります。聞くというのは主体的でなくてもできます。仕事をしながら、食事をしながら、考えごとをしながらも聞くことはできるのです。しかし、聴くというのは〝聴〟という文字が十四の心が寄り添って成り立っているように、一言ももらすまいと、すべての神経を集中し、耳を傾けることなしには実現できません。それなりのエネルギーも必要とされます。

今の家族のなかに、さまざまな悲しみが広がっています。悲しみは何によって生ずるのか、それは、大切なものの喪失と、大切な人とのすれ違いによって生じます。自分の内なる気持ちをわかってもらえない。自分の切ない思いが伝わらない。そんなすれ違いが人を悲しみの淵に追いやってしまうのです。

母と子、父と子、夫婦、兄弟姉妹、愛し合い、いたわり合うべき家族が悲しみを生み出す元凶ということが少なくありません。それは家族同士の聴く力に原因があります。聞くことはできても聴くことにはなっていないことが多いようです。

聴くためには、家族が一日のなかで、きちんと向き合う時間を創り出す必要があります。今、なかなか、家族が食事を共にすることができなくなっています。ひと昔であれば、家族が夕食時に顔をそろえ、その日あったことを報告し合ったものです。今は、子どもが思春期に差しかかると、部活、塾、友達付き合いで、家族みんなが顔をそろえることが少なくなってしまいました。だからこそ、意図的に子どもの話、夫の話を聴く努力が必要なのです。

家族みんながそろう必要はありません。子どもとの時間、夫との時間、個別ならば作れるはずです。一五分間、家族の話を聴く努力をしてみて下さい。

その際のキーワードは、〝教えて〟です。

「今日、学校であったことを教えて！」

「この頃楽しかったことがあったら教えて！」

「困っていることがあったら教えて！」

「今年の流行教えて！」


と切り出し、その後は聴くことにも徹して下さい。聴いてもらえる幸せを感じられると、子どもも夫もこの時間を楽しみにします。聴いてもらうことで、気づきが生まれ、こちらがいろいろ口うるさく言わなくても、自分で行動を修正できるようになります。わからせようとエネルギーを使うより、自然に相手をわかろうとすることです。わからせようとするな！　わかろうとせよ！　家族がすれ違わないための鉄則です。

余談ですが、合コンでモテる女性たちのコミュニケーション〝さしすせそ〟を紹介します。


さ………さすが！

し………（今まで）知らなかった！

す………すごい！

せ……センスある！

そ………（へえー）そうなんだ！

そうですよね！

そう！　そう！

どこでも、聴く力が求められています。

skill 14 ST家族であることを受け入れる

かつて、ST家族はその多くが成功者になりました。何故なら、優れた学力と五感力を持ち、人間関係能力に弱さはあっても、今よりは多くのトレーニングの場が存在したことで何とか思春期を乗り越え、社会に出ることができたのです。社会に出ると、こだわりという特性に優れた専門性が結びついて、研究者・学者・企業家・芸術家・

アスリート・伝統的世界の職人として、さまざまな業界で活躍することができました。しかし、家庭人としては、コミュニケーションに偏りがあるために、決して幸せであったとは言えなかったのではないでしょうか。家族の苦労が想像できるような気がします。

しかし、今、ST気質の子どもたちの多くが、コミュニケーショントレーニングの場が少なくなったがために、人間関係能力を大きく低下させ、思春期でつぶれるようになってきています。思春期のグレーな人間関係に対応できなくなっているからです。そして、家族の無理解によって、家庭で傷つきを深めることがほとんどです。そのために、ST気質の二次症状であるさまざまな病理が深刻化し、社会復帰への時間がかかるようになっています。

本書で、何度か指摘したように、子どもがST気質であれば、両親のどちらか、または両方にST気質が存在することが多く、ST家族であることがほとんどです。母親が自分の家族がST家族であることを承認できると、すっと肩の力が抜けます。

夫との関係で言えば、夫婦のコミュニケーションがかみ合わず、微妙にすれ違うこと、〝ありがとう〟と言ってもらえないこと、子どもと一方的な関わりしか持てないこと、近所の人たちや、自分のママ友たちとうまく交流できないこと。

子どものことで言えば幼い頃からこだわりが強くて育てにくかったこと、こちらが期待したような反応を示さないこと、仲間との関わりが下手なこと、登校しぶりを繰り返したこと、いじめに合ったこと。

夫の両親とのことでは、子育てを一方的に批判されたこと、現状を無視して介入してくるなど。

ST気質というフィルターを通してみると、自分がなぜ、ここまで苦しまなければならなかったかが、霧が晴れたように理解できるはずです。

そうなのです。あなたがずっと苦しみ続けた原因は、家族のST気質にあったのです。自分が我慢し、ひたすら努力すれば幸せな家族が築けるはずだと頑張ってきたはずですが、しかし、このST気質への接し方を知らないと、頑張れば頑張るほど、家族は崩壊していくことになるのです。

ST家族は、人と違った能力を持ち、独特のコミュニケーションシステムを持っています。人に合わせた、人と同じような生活はできません。自分が受容され、要求されたり、急かされたりせず、自分のペースで過ごせる空間で能力を発揮し、コミュニケーションも成立します。よそと同じ家庭を望むこと事体、無理が生じるのです。

自分の家族が他の家族と変わっていることを認知し、変わっているから面白い、豊かな可能性があると受容できたとき、ST家族は機能し始めます。

子どもが学校生活につまずくと、親の育て方に問題ありという、否定的なメッセージを浴び、多くの母親たちが自分を責めることになってしまいます。しかし、子どもの苦戦は、そのほとんどがST気質によるものであって、母親のせいではありません。ただし、母親がST家族であることを、自己認知し、自己開示できないと、家族の病理は解決しません。

〝私たちの家族はST家族！〟と内外に宣言できたとき、ST家族は再生し、それぞれの家族が才能を発揮していきます。

肩の力を抜いて、笑顔で、「私の家族は、少し

変わった、面白い家族なの！」と口に出してみましょう。どうですか、楽になったでしょう。

skill 15 まあ、いいか！ 七割主義

良妻賢母型の母親たちは、根が真面目なために、知らず知らずのうちに頑張るスイッチが入ってしまい、気持ちの切り換えが上手ではありません。何でも真剣に考えてしまいます。

物事がうまくいかないとき、他人からの評価が気になるとき、不安が高じたときなど、そのことにとらわれて、その否定的な気持ちにどっぷり浸ってしまうのです。こんな状態が続けば続くほど、泥沼にはまり込み、どんどん否定的な気分が強まり、自分を責め続けることになります。この自分を責める感情こそがうつの源なのです。

人は、不安な気持ちでいるとき、緊張しているときには、頭は働きません。神経伝

達物質であるドーパミンが出ないのです。ゆえに、新しいアイデアも前向きな発想も生まれてはきません。幸せから遠去かるばかりです。

人は生きている限りにおいて、不安や寂しさ、悲しさ、怒りというような否定的な感情とは無縁ではいられません。常に心のなかに湧いてきます。しかし、この不安や否定的な感情は支配されている時間が長ければ長いほど、身体の免疫力は落ち、病理を呼び込むことになるのです。

そうならないためには、気持ちの切り換え名人になることが大切です。否定的な気分の時間をできるだけ短くし、肯定的な気分へ切り換えが上手な人ほど、自分だけでなく、家族をはじめ、周囲の人を幸せにできるのです。

私のおすすめの切り換えスキルを紹介します。私は否定的な感情が沸き上がってきたら、「やめた！　やめた！」と声に出し、否定的な感情をそこで断ち切り、楽しいことを考えることにしています。そのために、思い浮かべる楽しいことリストを普段から用意してあります。映画、ゴルフ、家族旅行、新刊本の購入、おいしい食事、そして、過去の楽しかった旅の思い出などなど。

そして思秋期に病まないためには、完璧を求めないこと、頑張り過ぎないことが大切です。自分の思いの七割表現できれば、「まあ、いいか！」子どもが七〇点取れれば「まあ、いいか！」家事も七割こなせば「まあ、いいか！」とこだわりを捨ててみましょう。「まぁ、いいか！」と声を出すとすっきりします。

すべて納得のいく結果を出そうとしたら、疲れてしまいます。そのときの体調や気分もあり、いつも思い通りには事は運びません。常に腹七分あたりで満足すれば、自分をいじめて身体を壊すことはありません。家のいたるところに、〝まあ、いいか！〟と大きく書いて貼り出すといいでしょう。母親が「まあ、いいか！」と口にし始めると、家族も楽になり、みんなで「まあ、いいか！」と受容的に物事を受け入れることができるようになります。要求し合う家族から、受容し合う家族へと変わることができるのです。

ある、インタビューで「あなたの一番大切にしている言葉は何ですか？」と聞かれたので「〝まあ、いいか！〟です」と答えたら、「とっても気持ちが楽になるいい言葉ですね」と褒めてもらいました。そのとき、心のなかで思っていたことは、「もっと、考えれば他にも大事にしている言葉はありそうだけど〝まあ、いいか！〟」

あとがき

一生懸命家族のために生きている母親たちは、気持ちだけでなく、身体も常に緊張しています。これでは自由な発想も、家族のいいところを見つけ出すような前向きなエネルギーも湧いてこないのではないでしょうか。

カウンセリングにやってくる母親たちの多くが、ガチガチに肩に力が入り、顔の表情も固く強張って、眉間に深いしわが刻み込まれていました。向き合うだけで、こちらも全身が強張りそうです。

そこで、こんなふうに声かけをしています。

「ちょっとだけ、あごを前に出してみませんか」

たいていは、怪訝な顔をされますが、私が軽くあごを突き出して見せると、恐る恐るやってもらえます。

あら不思議。これだけで、身体全体がゆるみ、気が楽になり、話もはずむのです。

頑張り過ぎては身も心もくたびれ、家族をもくたびれさせます。ちょっとだけ、力を抜いて、自分にもっとOKを出してあげて下さい。楽しそうな妻、ふっと力を抜いたあるがままの母、そんな楽妻楽母力が必ず、苦戦する家族を救う力になるはずです。この一冊が楽母を増やす一助になることを願ってやみません。

この本の出版に当たっては、高橋香織さんをはじめとする学びリンクの若き編集部の皆さんに、心から感謝しています。

そして、私の書籍の第一の読者であり、良きアドバイザーでもある、わが妻にも最大の感謝を送ります。

平成二十七年、春

森　薫

子どもと夫を育てる「楽妻楽母」力

不登校・引きこもり・夫婦のすれ違い、すべて解決！

2015 年 2 月 20 日　初版第 1 刷発行

著　者　　森　薫

発行者　　山口教雄

発行所　　学びリンク株式会社

〒102-0076 東京都千代田区五番町 10 番地

電話　03-5226-5256　FAX　03-5226-5257

ホームページ　http://manabilink.co.jp/

ポータルサイト　http://www.stepup-school.net/

印刷・製本　株式会社　秋巧社

表紙デザイン・イラスト　長谷川晴香